リーガル マインド アセスメント

法学入門

山村恒年
法学ワールド

山村 恒年

JN300703

信山社

はしがき

私が法律の勉強を始めてから今では50年になる。しかし、ストレートに法律ばかり勉強してきたわけではない。建築士として建築の勉強の傍ら法律も勉強することが７年ほど続いた。

しかし、建築設計のものの考え方は法律の基本を理解するのに役立ったように思う。

基礎工事から始まって、本体の骨組みをつくり、壁を張り、内装を仕上げていく。それは三次元的、即ち立体的な思考方法に基づいている。設計図は、平面図、立面図、断面図、内装図など十数枚以上書かねばならない。

法律学はどうであろうか。司法試験は六法が対象となる。しかし、この６つの法律は、それぞれ、専門の学者が分かれていて教科書が書かれている。６つの法律の間には交流が少ない。さらに、憲法や民法についても、学者の研究対象は分化している。民法でいえば、物権法の専門学者、債権法または身分法・相続法の専門学者というように分かれている。これらの学者が大学で自分の専門を中心として講義する。法学という科目があるが、これも通り一遍で、六法のサマリーのようなものである。これらの教科書を持ったとしても、初心者としては、覚えるよりほかに打つ手は思いつかない。先生は「覚えるより考えよ」と指導する。どう考えたらよいかヒントがほしい。しかし、そのようなことを書いた本はない。

六法を比較して分析してみると共通となる仕組みが多い。紛争解決の規範という共通性があるから当然である。

その共通性は「どこからくるのか」を追求していけば、法の仕組みがわかってくる。法の考え方がわかってくる。このような追求がリーガルマインドをつくっていく。

本書では、その分析手続として“アセスメントの手法”を活用した。

アセスメントの考え方は、私が環境法の研究を経て会得したものである。これを人生経営に活用した。その私の人生過程をリーガルマインドアセスメントの軌跡として本書に入れた。

本書を通して、自分なりのリーガルマインドをアセスメントによって身につけていただければ幸いである。また、法律を覚えるのでなく、考えるためのヒントにしていただきたい。

私は子供の頃から、勉強ができたわけでもなく、大学の法学部に入ったというだけでも周囲から驚かれたくらいであった。

それも夜間部で、弁護士や大学教授というのは雲の上の存在と思われた。まさかそれになるとは夢にも考えていなかった。しかし、私のような平凡人でも、合理的にコツコツやれば法曹になれることがわかった。

弁護士や教授になってみると、雲の上の存在と考えていた人が普通の人だと感じるようになった。

平凡人がリーガルマインドを合理的に身につけて法曹になるためには人のやらない勉強方法を考え出して、やってみるのがよい。

それがリーガルマインドアセスメントである。ベンチャー企業というのも、そのようにして成功しているのである。

私は、20年前から「人生アセスメント」を人々にすすめてきた。それを『男は40代からやり直せる』、『非凡人への挑戦』という２冊の本として出版し、１万部以上出たところで絶版となった。その一部をこの本にも引用させて頂いた。

信山社の村岡侖衛さんにも「人生アセスメント論」の話や私の「総合法学論」の話をしていたところ、それを本にすることをかねてからすすめられてきた。このたび、やっと時間をみつけてまとめることができた。本書は村岡さんの度重なる熱心なすすめにより生れたものである。

この書物の読者がベンチャー法律研究生として成功するために、少しでも本書が参考になれば幸いである。

2002年１月

山村 恒年

1　変化する社会と法の役割

― 法律家の使命の拡大 ―

狭すぎる日本の法律家の役割

日本の法律家は少ないといわれている。弁護士、司法書士、弁理士、税理士を含めても、国民１人当たりの法律家の数はアメリカよりはるかに少ない。そこで、いま、司法改革が行われている。司法試験合格者を年3000人に増やすことになる。

アメリカの歴代大統領の半数以上は弁護士であった。連邦議会の議員の多くも弁護士である。公務員の中にも法曹資格者が多くいる。これを「ガバメント・ロイヤー」という。

私がアメリカにいた時、あるアメリカ人から職業を尋ねられた。弁護士だというと、彼は、「最も尊敬すべき職業だ」と言った。アメリカでは、子供が生まれたというと弁護士のところへ、病気になったというと弁護士の元に、死亡したというと弁護士の所へ、生まれてから死ぬまで弁護士の世話になるという。

契約書を作成するとき、弁護士に相談しないということはない。

イギリスを見ても、首相のブレイヤーは弁護士である。フランスでも大臣の多くは弁護士である。中国でも弁護士の数は急速に増えつつある。

国際的な取引や会議では、交渉の担当者は外国人では弁護士が多い。

日本の状況はどうであろうか。

日本の首相に弁護士がなったというのは聞いたことがない。国会議員で弁護士なのは一割にも充たない。自治体の議員ともなればなおさらである。公務員となると、司法試験合格者は東京都を除いて殆どいない。

日常生活でも、一生弁護士の世話にならないという人が圧倒的に多い。

土地や家を買う時の契約書作成について弁護士に相談する人も希である。病院での承諾書に弁護士に相談せずに承諾するのはアメリカ人では考えられないことである。

これらは、単一民族と多民族社会の相違にも由来する。それでも、最近の日本でも、人々の内の信頼関係がゆらいできており、これからはそれがますます大きくなるであろう。

グローバリゼーションと法律家の役割

世界経済のグローバル化が進んでいる。

日本にもアメリカの弁護士が進出してきている。日本からも海外に出ている弁護士が増加してきている。

40年前、大阪の弁護士で英語を話せる者は希であった。現在では、アメリカのロースクールを出た弁護士が増え、弁護士の２割以上は英語を話すことができる。

グローバリゼーションは、弁護士の需要を増大させる。

国会議員はローメーカーであるにも拘わらず、法律案をつくれる人は殆どいない。これからはそうはいかない。公務員も法曹資格者が必要となってくる。

社会が変わりつつある。それに従って法律家の使命が拡大しつつある。それに社会は応える必要があるのだ。

また、法律家も、従来の狭い解釈法学一本では通用しなくなるであろう。経済学、社会学、法哲学、心理学をふまえた学際的な法思考が要求されるようになる。

そのためには、従来の狭い思考様式でなく、幅の広いリーガルマインドが要求されるであろう。

我々はこれを「ポストモダン法律学」と呼んでいる。そして、「ポストモダンリーガルマインド」を身につける必要がある。

本書は、そのための法学入門として「山村式法律学」の学び方と法律の世界を示そうとするものである。

2　リーガルマインドとは

法は機械的に解釈し運用するものではない。法の精神・理念・目的に沿って解釈・運用されるものである。そのためには、リーガルマインドが身につかなければならない。

市役所に申請書を持っていったり、証明をしてもらいに行くと、窓口で「規則で定める添付書類が欠けている」とか「先例がない」とか「書式が違う」とかよく言われる。

規則ならまだましだが、市の要綱に合っていないといわれることもある。

要綱は法令ではない。法の解釈や運用指針もしくは行政指導方針である。

規則も一番下位の法令である。法律や政令の方が優先する。それにそぐわない規則や要綱は本来市民に対する拘束力はない。

しかるに、窓口の担当者にリーガルマインドがないときは、その判断ができず、機械的に処理してしまうのである。その場合、訴訟になると違法な処理だと判決が出されることが多い。

リーガルマインドが身についていないと、行政職公務員試験や司法試験に合格することは難しい。教科書を読んだり、暗記するだけではリーガルマインドはつかない。

法は生きている。画一的に解釈し適用されるものではない。これは判例をみれば分かる。

訴訟事件では「ハードケース」といわれるものがある。法の解釈・適用が裁判所にとっても極めて難しい事件のことである。

大阪国際空港騒音差止訴訟事件やハンセン病損害賠償事件などはその一例である。

そこでは、最高度のリーガルマインドが要求される。

そこまではいかなくとも、法曹や大学研究者になることを目指す者にとって、どのようにしてこれを身につけるかは重大問題である。

そこで、これを合理的に身につけるための方法論が“リーガルマインドアセスメント”と言える。

リーガルマインドができれば

弁護士になると色々な相談や事件が来る。それらの中には教科書や参考書に書いていないことが多い。

リーガルマインドがないと覚えているだけであるから、本に書いてないことは判断ができない。

リーガルマインドができていると応用がきく。基本的な法の考え方ができているからである。

これを試す方がある。裁判所の判決で参考になるものは、『判例時報』のような判例集に登載され、市販されている。今ではインターネットで調べることもできる。

『判例時報』では、判例の前に解説がついている。

そこに事件について、その事件で原告がどう主張し、被告がどう主張したかの概要が書かれている。その後に判決の概要が出てくる。

その原告と被告の主張だけを読んでどちらが勝つかが、判決の概要を読む前に分かるようになる。その場合は、リーガルマインドができているといえる。

司法試験の筆記試験やその他の試験では応用問題として具体的な事件について解答を求めるものも多い。これは教科書を覚えているだけでは解答できない。法律分野では、この場合、異なる学説になると結果が異なる場合もある。

しかし、採点者としては、結果の解答ではなく、それに至る法的な筋道のたて方でリーガルマインドができているか否かを判断する。この場合、法律や教科書の枝葉に当たる部分だけで考えていてはリーガルマインドとならない。

法の基本に立ち返って、法が規定を置いた根本的な趣旨に沿って判断してこそリーガルマインドができているといえよう。

リーガルマインドにも、読みの浅いものと、読みの深いものがある。法の精神をどこまで深く読み考えるかは法律の知識だけでなく、社会学や心理学、哲学などについての或る程度の理解の有無によって異なってくる。

1　リーガルアセスメントのシステム

法律学の教科書は何故わかりにくいか

教科書というのは理論の体系書である。

執筆者の心理からいうと、前後一貫した論理と体系で書くことに迫られる。また、他の学者から批判に耐えるように一字一句論理的に書こうとする。

このように書くと、学生からするとわかりにくくなる。小説を読むように棒読みしては分かる筈がない。

筆者が一行一行書くのに頭をひねりながら時間をかけて書いた文章を、さらっと目を通すだけで理解できる筈がない。

筆者が執筆にかけた何倍かの時間をかけて考えながら読まなければ理解できない。

テキストに引用されている学説・判例を丹念に参照しながら読む必要がある。それでも分かりにくい。

特に、テキストの始めから棒読みするのは、地図をみないで山に登るようなもので労多くして効果少なしである。

テキスト学習のアセスメントをする

法学教科書は体系書である。

それは、太い根幹となる幹とそれから枝分かれする太い枝、さらにそれから分かれる小枝の数々、その先に葉と連なっている。

木を支えているのは根と幹である。

根にあたるのは憲法や社会学、倫理学に相当する。根幹にあたるのが、基本原理である。民法でいえば第1条の諸原則である。そして、私的自治の原則である。

そして太い枝が、人、法人、法律行為、物権、債権、親族、相続である。それから小枝が分かれ、さらに枝葉末節にいたる。

その枝葉末節からいきなり憶えようとしても全体像が頭に入っていないと地図なしで山に登るのと同じことになる。

この全体像をどのように理解するか。

その方法論がリーガルアセスメントである。

図1　法の木

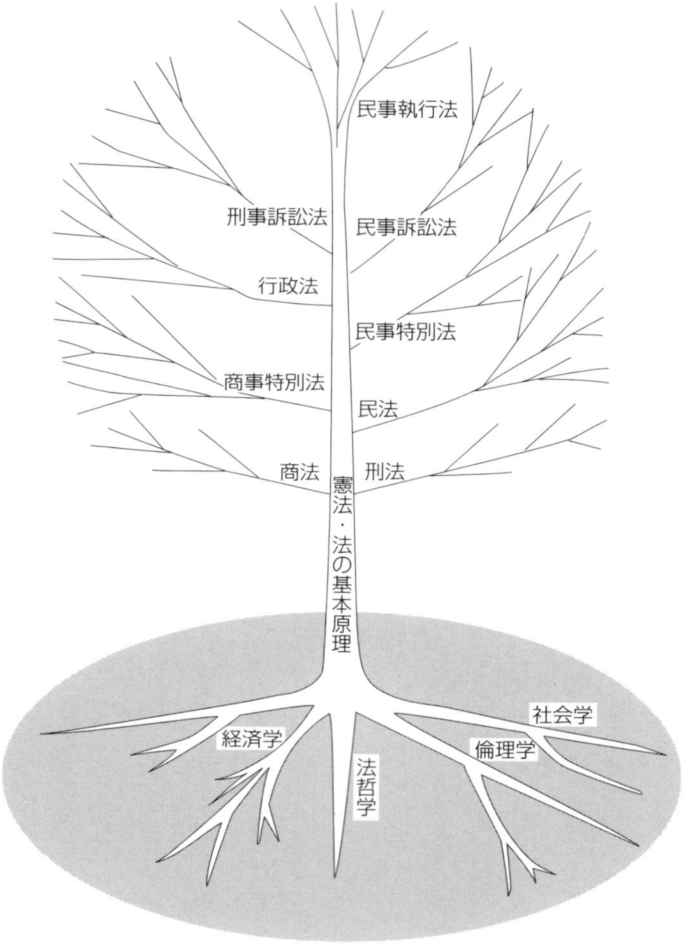
民事執行法
刑事訴訟法
民事訴訟法
行政法
民事特別法
商事特別法
民法
商法
刑法
憲法・法の基本原理
社会学
経済学
倫理学
法哲学

それは自分で色々と苦しんで見つけ出すのが一番身につく。

体系的枠組のつかみ方

山を登るとき地図が必要なように、法律の勉強にも地図が必要である。
地図にあたるのが法律の枠組図である。
これにも大枠、中枠、小枠と色々考えられる。

民法の大枠は次のとおりである。

- 民法
  - 1．総則
  - 2．物権
    - 総則
    - 物権各論
  - 3．債権
    - 総則
    - 契約
      - 総則
      - 契約各論
  - 4．親族
    - 総則
    - 各論
  - 5．相続
    - 総則
    - 各論

中枠は、民法第１編第１章「人」の部分では次のとおりである。

- 第1章　人
  - 1節　私権の享有
  - 2節　能力
  - 3節　住所
  - 4節　失踪
  - 5節　同時死亡の推定

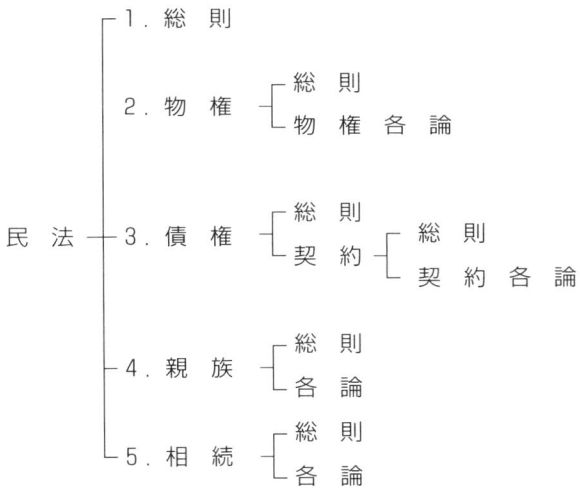

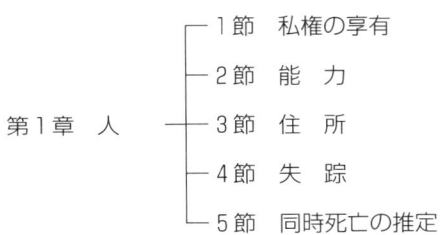

小枠は、節単位でみる。民法第１章第２節を枠組みすると、次のとおりとなる。ここでは、条文を少しまとめたりしている。

これは、六法全書を見ながらまとめるのである。

通常、教科書ばかり読んでいて、六法をまとめて読むことは少ない。このように書いてみることによって、枠組みの理解が進むのである。これもリーガルマインドをつける１つの方法である。

- 第2節 能 力
  - 成 年
  - 未 成 年
    - 行為能力
    - 随意処分の許可
    - 営業の許可
  - 成 年 後 見
    - 成年後見人
    - 後見開始の審判とその取消し
    - 成年後見人と行為能力
  - 保 佐
    - 保佐開始の審判とその取消し
    - 保佐人
    - 被保佐人の行為能力
  - 補 助
    - 補助開始の審判とその取消し
    - 補助人
    - 被補助人の行為能力
  - 他種の審判をする場合のすでになされた審判の取消し
  - 制限能力者の相手方の催告権
  - 制限能力者の詐術
- 第3節 住 所
  - 住 所　各人の生活の本拠
  - 居 所
    - 住所の知れざる場合
    - 日本に住所を有せざる者
  - 仮 住 所　或る行為につき選定したとき

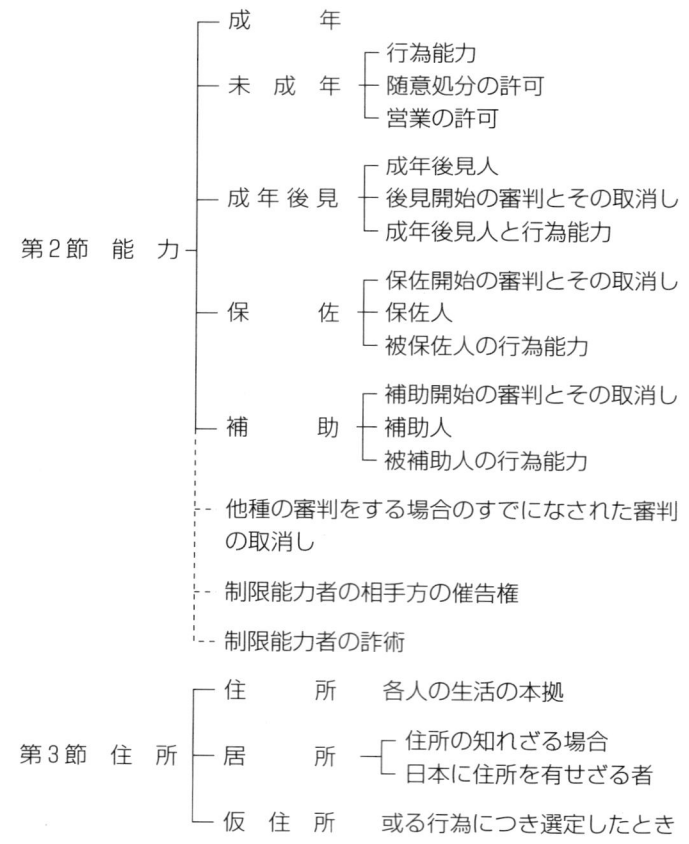

2　リーガルマインドアセスメントのすすめ

リーガルマインドを身につける必要があることは分かった。
それでは、どのようにしたら、合理的に身につくか。
その手法としてアセスメントをすすめる。

アセスメントは目標を達成するための合理的手法である。目標を、リーガルマインドを身につけることにする。それを合理的に達成するため、どのような合理的手法が考えられるのか説明しよう。
アセスメントを法律の研究に応用したのは私の発明といえる。
それを分かるためには、先ずアセスメントとは何かを理解しておかなければならない。

アセスメントの考え方
アセスメントというのは、本来は「調査」とか「評価」という意味である。現在は、目標を達成するための合理的な意思決定の手法として用いられる用語である。
次のようなものがある。

リスクアセスメント
環境アセスメント
テクノロジーアセスメント
文化アセスメント
ヒューマンアセスメント

人生アセスメントとその内容の各アセスメントは私の造語である。

人生アセスメント ─┬ 就職アセスメント
　　　　　　　　　├ 資格試験アセスメント
　　　　　　　　　├ 結婚アセスメント
　　　　　　　　　├ 研究アセスメント
　　　　　　　　　└ 健康アセスメント

悪い目的に使えば「泥棒アセスメント」も考えられる。

これらのうち、環境アセスメントについては、環境影響評価法として法制化されている。

国際法においても地球環境に関する10以上の条約で環境アセスメントに関する規定がおかれている。アメリカでもこのほかにテクノロジーアセスメント法が制定されている。

世界の先進国もすべて環境アセスメント法を制定している。日本の都道府県も殆ど環境アセスメント条例を制定している。

この手法を人生経営に利用するのが「人生アセスメント」、法の研究に利用するのが「リーガルアセスメント」である。

そこで、アセスメントの各種について紹介することによって、アセスメントはどのようなものかを理解してもらうことにしよう。

ⓐ 経営アセスメント

経営における目標は私企業においては利益をあげることである。そのほか業界第1の会社になるとか経営規模をいまの3倍にするとかという目標もある。これらの目標を定めて、そのための戦略を考え、計画を立てる。

例えば、食品会社がもっと利益を伸ばすために薬品部門に進出するかどうかを考えるとする。この場合、次のような代替案を考える。

A　薬品部門に進出しないで利益をあげる
B　食品部門の技術を生かした薬品開発をする
C　全く関係のない食品部門にも進出する
D　健康食品部門に進出する

上記のほか、いろいろの代替案をできるだけ多く考える。

これらについて企業の体質、技術、環境、資金等々、種々の要素についての評価の結果を比較衡量して、最も良い案を決定する。あるいは各案の長所の点を組み合わせて改良案を作る。

これは企業進出アセスメントである。

また、電機メーカーが家庭電気器具の新製品を出して、利益を伸ばそうと考えるとする。

その場合、製品の次のような各要素についてそれぞれ10種類くらいの代替案を考える。

機能・サイズ・方式・デザイン・色・耐久性・便利さ・
消費電力・扱い易さ・パッケージ・愛称等々。

これらの代替案を組み合わせると、千種以上の代替案ができる。これを比較して、最良の策を決定する。これは製品アセスメントである。

このような経営アセスメントは、もっと発展させた形で、すでに一流企業などが採用している。

ⓑ 商業アセスメント

駅前開発をする場合や、百貨店、スーパーが進出を希望してきた場合、これを許可するかどうかに際して、これらができると、地元の既存の商業に対してどのような影響を与えるか、商業保護のためにはどのような再開発が適当か、スーパーの進出規模はどの程度に止めるのかを事前に影響評価をするものをいう。

最近では、滋賀県の事例が新聞に報道された。

ⓒ 地域振興アセスメント

発電所を建設する場合、環境アセスメントを行うが、それとは別に、徳島県では、発電所の建設によって市町村の財政や地元の雇用・産業、若者のUターン等に影響を及ぼす影響を調査している。

ⓓ 文化アセスメント

兵庫県では、地域の文化を総合的に見直す「地域環境アセスメント」のモデル事業として、西脇市で、生活文化向上のために実施すべき制度、施策などの検討を行っている。

これは次の4段階にわたるアセスメントを行うとしている。

① 地域の概要調査
② 地域文化の現況、問題点の掌握
③ 重点施策、分野の抽出、検討
④ 施策の提案、制度・手法の提示

ⓔ 結婚アセスメント

これは私の造語である。

自己の性格分析をする。
相手方の性格分析をする。
そして、うまく合うかどうか評価する。
恋愛の場合は別として、相手方の代替案（候補者）が多ければ多いほど、合理的な選択ができることになる。

ⓕ 就職アセスメント

自分の性格分析と就職希望先の仕事の内容の分析をして、その適合性を評価する。複数の就職先を代替案として検討できる場合は、比較評価をする。

ⓖ 性格アセスメント

自分の性格の分析は、自分では客観的にするのは難しい。
アメリカでは、専門家による分析がなされている。
友人・家族・先輩・大学の教授等により分析して貰うのがよい。

ⓗ テクノロジーアセスメント（ＴＡ）

科学技術の急速なイノベーションは、人間社会や環境に予期しないマイナスの影響を与えている。

新薬の副作用による多数の被害者の発生、ロボット、ＮＣ工作機械による失業者の増大、合成洗剤による水質の汚染、工業用酵素の利用によるアレルギー反応の発生、石油蛋白による健康被害、バイオマスによる生命への影響等々数限りない。

ＴＡは、技術のもたらす各方面への悪影響を事前に評価して、技術開発の適性を期するものだ。

アメリカでは、ＴＡは1966年頃から進められ、ＴＡ法も制定されている。

ＴＡの目的は、「技術開発によってもたらされる効果を、自然と調和した人類の福祉というような、人間本来の目標に向かって、最大限に発揮させることであり、また、人間の本来の目標に相反する効果をなくする努力をする」ことであるとされている。

同じアセスメントであっても、経営アセスメントと、ＴＡとの違いは、後者は、社会や自然環境に及ぼすプラスとマイナスの影響を考慮するのに対して、前者はこれをほとんど考慮しないことである。

次に述べる環境アセスメントも、テクノロジーアセスメントの影響を受けて制度化されたものである。

ＮＴＴは、電話、ファクシミリ、動画、データなどのあらゆる通信を同時に送れる「高度情報通信システム」(INS) が完成した場合の社会的変革アセスメントを発表した。

それによると、家庭用コンピュータの普及により、洗濯、炊事、日常用品の発注・支払いがコンピュータで行われる。また、家庭で読みとれる電子図書館、遠隔学習システム、在宅学習、生涯教育などが登場する。

これらはプラスのインパクトだが、マイナスのインパクトについても今後研究するとしている。

ⓘ 環境アセスメント

「環境アセスメント」もアセスメントの応用である。そのシステムは次の図２のとおりである。

図２　環境アセスメントシステム

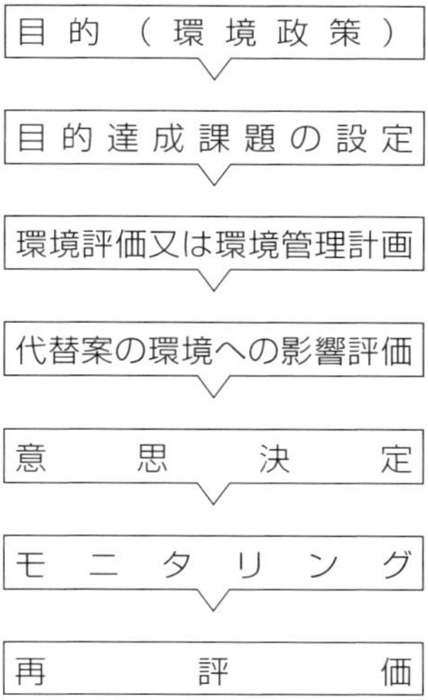

まず、環境を保全するという「目的」がある。次に「目的達成のための課題の設定」をする。更に、影響が及ぶ地域の環境をあらかじめ評価して管理

計画を立てておく。

道路計画などを考える場合には、種々の「代替案」を考える

各代替案のメリット、デメリットを比較して、環境影響の最も少ない計画を決定する。

計画実施後はモニタリングをして見直し、修正などの再評価をする。

環境アセスメントは、環境配慮のための理性的・合理的意思決定をするための手続きである。1980年、アメリカで法律が作られ、実施されて大きな効果をあげてきた。日本は1997年に環境影響評価法を制定した。

私は環境アセスメントを研究することによって“人生アセスメント”を思いついたのである。

わが国では過去において、環境アセスメント法は制定されていなかったが、行政レベルでは、大規模開発や事業について自ら、または企業をして公害事前評価を行わせてきた。その主なものをあげると、苫小牧東部工業基地開発計画、むつ小川原工業基地開発計画、新大隈（志布志湾）開発計画、本州四国連絡橋計画、大分地域工業開発計画、関西新国際空港計画等々がある。その後、公共事業についての環境影響評価法が制定された。

海外に目を向けると、アメリカのほか、スウェーデン、フランス、オーストラリア、スイス、中国、ブラジルなどで環境アセスメント法は日本より早くから制定されてきている。

なお環境アセスメントの詳細については、私の著書『環境法入門』（昭和堂）を参照されたい。

要するに、国際的にもアセスメントの時代は来ているのである。

ⓙ 地球温暖化のリスクアセスメント

このアセスメントは通常３段階からなる。

① 地球気候調査と評価

② 温暖化による影響評価

③ 温暖化防止の対応戦略の評価

このようなアセスメントの手法はアメリカの行動科学からの影響によるものである。

これはリーガルマインドアセスメントとして使える手法でもある。

IPCC（気候変動に関する国連のアセスメント会議）のアセスメントは現在で

も継続されており、すでに3回にわたり報告書が出されている（山村恒年「地球温暖化とリスクアセスメント」『環境保護の法と政策』信山社、261頁参照）。

私はIPCCのフィールドワークでアセスメントの地球的な実験を体験した。その後、ジュネーブ等で2回にわたりこの会議に参加する。IPCCは300人もの研究者による壮大なアセスメント機関でその成果は歴史に残るといえよう。

ワシントンでIPCCの会議が開かれたとき、私もNGOの代表で参加した。開会式で先代のブッシュ大統領が挨拶をした。

私は、世界のNGOの代表の1人として、30分間スピーチをした。

各方面からの意見を取り入れてアセスメントをする点で大変客観的であると感じた。

日本弁護士連合会のニュージーランド熱帯林調査で
1987年2月

環境アセスメントの発想との出会い

私は、アメリカのNEPA（National Environmental Policy Act：連邦環境政策法）が1969年に制定されたことを、その翌年に知った。

当時は、日弁連の公害委員会で活動していたので、これを機会に、アメリカへ調査しに行こうと思い、1976年に50人の調査団を組んで30か所ほど調査した。

そこで、環境アセスメントの執行状況を、各官庁や国会議員、州の局長、環境NGOなどにヒアリングした（その成果については、『環境アセスメント』（有斐閣、1980年）参照)。

その頃、日本では公害が激しくなり、四大公害訴訟が提訴され、原告勝訴判決が次々出た。

政府も公害事前アセスメントの必要に迫られ検討を進めていた。

当時、アセスメントというのが、どのような意義をもっているかわからなかった。殆どの日本人は、アセスメントという言葉すら知らなかった時代である。

アメリカの各方面でヒアリングした結果、当時の日本の公害アセスメントの内容が、アメリカの環境アセスメントとは性格が全く違うと感じた。根本的に考え方が違うと感じた。

そこで、何故このように考え方が違うのかということを研究し始めた。

現在では、国際条約にも、多く環境アセスメントの規定が入るようになっている。

研究の結論

まず、アメリカの環境アセスメントの発想となっている意思決定過程の合理性を確保するという考え方がどこから出てきたのかを研究し始めた。

研究の結果、アセスメントの一番の淵源が行動科学にあるということを突き詰めた。

その行動科学の理論というのは、行動する時の判断を合理化するためのシステムの研究である。

例えば、民法を勉強するとする。どのような手法でやるか。色々の代替的な方法がある。それを比較して、自分にとってもっとも効率的でコストも安い方法はどれかを選択する。

これは、惰性型や刺激反応型（誰かからのすすめをそのまま取り入れる）、試行錯誤型よりは合理的である。

その思想がどこから来たかを調べると、ノーベル経済学賞をもらったH.A.サイモンの理論に突き当たった。

これは、人間というものは、理性を持っていることを前提とする。この点では刑法の理性肯定説と同じである。

しかし、それぞれ人は、その環境によって理性を不合理に制約されている。極端な例は、良し悪しは別として宗教に入信した人は、その教義によって理性が制約される。「貧すれば窮す」というのも理性制約の例である。公務員になれば、役人心理に陥る。全ての組織には組織特有の病がある。それにより不合理な決定がなされる。

それを取り除くための手法がアセスメントである。

刑法でいうと刑罰による教育である。刑罰は事後的であるのに対し、アセスメントとは決定の前にする点で事前的である。

行動科学の理論は、組織心理学が基本になっている。そのため、組織を構成する個人の病理現象をいかにして是正するのかが行動科学理論である。

従来の行政法理論では、心理は、故意・過失として、国家賠償のところで問題にされるのみであった。

行動科学理論というのは、組織心理の病理現象を取り上げ、それをいかにして是正するかというところにある。行政法だと、行政庁の決定過程の病理現象の是正を課題とする。

後に、行動科学だけでは処理できないものがでてきた。

例えば、開発による利益と環境に与えるマイナスの影響を比較するために、コスト・ベネフィット・アナリシスをするときは、合理性の問題というより価値観の問題である。

その価値観というものを合理的にしたり、万人共通のものにしようとしても、今までの行動科学からは出てこない。むしろ、哲学や法哲学の理論が必要となってくる。

環境アセスメントの判例

〔環境アセスメント義務に近い義務を確認した「牛深市し尿処理場建設禁止仮処分事件」〕熊本地判昭和50年2月27日判時772号22頁

この事件の第1の特色は、予測手法として、同一会社のし尿処理施設について他県で利用されている5か所の例を検討した結果、設計どおり運転できていないと推測し、管理運営上の予測も入れて汚染の蓋然性を認めたことである。

第2の特色は、立地条件の予測と評価において、施設の性能、維持能力、海域の潮流、放流水の拡散等、その他生態学的調査義務とそれに基づく影響の予測と評価、住民の説得義務を認めたことである。

第3の特色は、調査義務の主体を行政主体たる市としたことである。

「〔すでに建設済の〕各施設では設計どおりの運転ができていない場合が多いと推測せざるをえ」ず、この「実情等に鑑みて、採用された管理人予定者が……運転管理をよくなしうるかどうか」疑問である。

「被申請人において、設置予定の施設が真実海水汚濁の最低基準を守る性能を有するものであるかどうかを精査するほか、少なくとも、本件予定地付近海域の潮流の方向、速度を専門的に調査研究して、放流水の拡散、停滞の状況を的確に予測し、また同所に棲息する魚介類、藻類に対する放流水の影響について生態学的調査を行い、これらによって本件施設が設置されたときに生ずるであろう被害の有無、程度を明らかに」すべきである。

「申請人らの生活およびその環境の保全、公衆衛生の向上を図ることも、また行政主体たる被申請人の義務であり、さらに、本件施設によって利益を受けるのは申請人らを除く牛深市民、換言すれば、その行政主体である被申請人であるから、利益を受ける被申請人において前記調査等の措置をなすべきは事理の当然というべきだからである。」

3　私のリーガルマインド形成の軌跡

大学受験時代

私の大学受験時代は経済学が花形の時代であった。私もそれにあこがれた。当時私は、市の建築課の技術職員でもあったので唯一の公立大学の夜間部がある大阪市立大学の経済学部を受けようと思った。ところが競争率が18倍にもなった。その頃私は、建築学部の学生で卒業設計に追われていた。受験勉強の時間がない。そこで競争率６倍の法学部に変更することにした。

なぜ経済学を学びたいと思ったかと言うと、天下国家のことを論じたかったからである。

法律学は、所詮、人々の欲望の争いから生じた紛争の解決を目的とするもので、マイナーなものと考えていた。

法学部に入っても、経済学の単位を多く取り、憲法や行政法など天下国家を論ずる科目の成績はよかった。しかし、民法や商法などの成績は良くなかった。刑法にいたっては不可で一度落とした。二度目は優をとったが。

当時の夜間部の学生は優秀で、最初から司法試験を目指す者も50人中10名くらいいた。そのうち30名がストレートで卒業したが、数年後には最終５名が司法試験に合格した。５割の合格率である。しかし、私は当時これらの志望者が別人種のように思っていた。

何しろ、私は憲法でも、テキスト１冊しか読んでいなかったのに、受験組は『注釈日本国憲法』全４冊を熟読していたのである。

したがって、私の法学部学生時代は、何か学ばなければならない教養の１つとして法学を学んでいたという無目的時代であった。ただ、授業だけは真面目に欠かさず出席していた。そのため、成績はクラスの中位。もちろん上位は受験組が占めていた。このような無目的学習法では進歩がなかった。

上級行政職受験時代

公務員の建築技師というのは３年もやっていると夢が破れてくる。学校、庁舎、公営住宅の設計と現場監督に限られる。そういうことには飽きがくる。そこで折角法学部に入ったのだから、一ランク上の大阪府の行政上級職試験にアタックしてみる気になる。

ここで学習の目的が１つできた。

市の職員の有志での受験研究会をつくる。その頃は土曜日も午前中は勤務があった。夜は大学。土曜の午後と日曜くらいしか勉強時間がない。公務員試験制度はできたばかりで過去試験問題集などもない。

いよいよ受験の１週間前から休暇をとった。図書館にこもり憲法、民法、行政法の３科目を勉強する。不況の時代であったので競争率は100倍になった。目標が迫ってくると勉強の集中力が強まる。テキストはできるだけ分かりやすいものを使った。末川博博士の『民法』は特に良かった。この本にレジメをヘッドノートとして書いていった。結果は幸運にも合格。不思議な気がした。私学からの受験者で合格は１人。残りは国公立からの受験者だけ。

目的指向研究への出発

職員に採用されて半年後、上級職採用者の研修が２週間ほどあった。講師は大学の教授。憲法、行政法、財政学等。これが大変に参考になった。研修が終了すると各科目の試験があった。この対策にも、できるだけコンパクトでユニークな参考書を探して使った。結果は憲法80点、行政法98点、財政学85点。

行政法の問題は、後ほど説明する行政行為の効力論で「行政行為の無効と取消」というものであった。使ったコンパクトなテキストには、フランスの学説まで引用して説明されていたのをそのまま書いたにすぎなかったが、それが効を奏したらしい。この時点では、覚えるのに精一杯で、リーガルマインドが身についてはいなかった。

しかし、この98点という成績が私の一生の研究と人生を導く結果になった。それは、リーガルマインドを身につけさせる序曲となる。

公務員試験に合格したもののその席次はあまり良くなく、下位だったようである。そのためか、配属された職場はぱっとしないところであった。上位合格者は人事課とか総務課とかに配属される。加えて、所属の課長が私に建築士の資格があることに目をつけ、建築技師が不足しているので、建築設計を手伝ってほしいといわれ、建築の設計をやる始末となる。

もともと好きな分野であったのと、好きに設計をやらせてくれたので、設計にのめり込む。

建築の設計というのは色々のアイディアを生かす場である。設計アセスメントの場である。これは、リーガルマインドの考え方と共通する。斬新な建築設計と斬新な法律学説とは共通面がある。「急がば廻れ」というが、今から見れば建築の仕事に時間を費やしたのが、私のリーガルマインドの基礎をつくったのである。

法律を好きになる

それでもあせりを感じた。同期採用者は行政の第一線でキャリアを積んでいる。「好きこそものの上手なれ」のことわざがある。好きになることが上達の秘訣である。

趣味はその一例である。１つの趣味を徹底して好きになった人はその道の達人となる。

画家、歌手、俳優などの専門家はそれが好きだからなっている。

それでは法律家はどうだろうか。弁護士に色々尋ねてみるが、法律が好きでたまらないという人はあまりない。弁護士も10年やると９割の人が飽きてくる。20年位やると、できればほかの職業をやってみたいと思うが、弁護士しかできないので仕方なしにやっているというのが８割を占める。

これに対して、一流の学者といわれる人は、その専門とする研究が趣味だという人が多い。ただし、一般の学者だと研究が趣味だという人は多くない。仕事だから研究しているというのが通常である。

研究会がリーガルマインドをつくる

私は、大阪府庁の全職員１万名のうちで、一番行政法に強い職員になるという目標を設定した。そうしているうちに、私は行政法が趣味に近くなってきた。

私が建築をやっていることは、行政のキャリアにはならない。そこで考えた。成績が良かった行政法の研究を進める決心をする。人は褒められるとやる気が起きる。そのことが好きになる。

行政法が好きになった。そこで同期採用者に呼びかけて行政法研究会をつくった。毎月１回講師を頼んで講演してもらい討論することにした。特に実務に即した法理論をテーマにする。

講師には、当時の京大の杉村敏正教授や神戸大学の山田幸男教授にお願いした。

庁内研究会の幹事をやっていると、どうやら私が行政法に強いという話が行きわたったらしい。人事課から、新規上級職採用者の行政法の研修ゼミナールの講師となって欲しいとの依頼を受ける。ゼミとなると、1週間ではあるが十分な準備と研究が必要となる。これを6年間続けた。他方で庁内行政法研究会。

人に教えるということは、教えられる方がどこが分からないかということを知る必要がある。どうすれば理解させることができるかを考えることは、リーガルマインドができていないと難しい。研究会やゼミで討論することがリーガルマインドをつちかう。説が対立して、相手の説に反対論を展開するときに、その根拠を考えなければならない。

例をあげよう。

> 憲法32条は「国民は、法律の定めるところにより、納税の義務を負う」と定めている。
>
> 「法律」には、法律の委任に基づく命令（政令・告示・条例）を含むとされている。
>
> 固定資産税の評価について、法律で「適正な時価による」とだけ抽象的に定め、詳細は自治大臣の告示に委ねることは憲法32条に違反するか。

これについては、学説が分かれている。合憲であるとする説や判例でも、告示に従って計算した価格が、鑑定による適正な時価を超える場合は違法とする判決が多い。

これは、「租税法律主義」という憲法32条と地方税法のどちらを重視するかによって説が分かれる。

こういうのは、両説に立つ側の討論によってはじめてどちらの説によるべきかという考え方が深められる。

リーガルマインドからすれば、民主主義の原理から考えると、国会が法律で、大臣の決める告示に委ねることはどの範囲まで認められるかという観点から判断する必要があろう。このような問題を考えることは、自らのリーガルマインドの形成に役立つことは疑いない。

実体法から訴訟法へ

民法や商法の実体法は、法律要件論と法律効果（権利・義務・自由の発生、変更、消滅）を軸としている。行政法学もよく似ている。ただ、行政法学では行政訴訟が入っている。そのために訴訟法の知識がいる。しかし、昭和40年代頃までの行政法学者は、訴訟法の知識が少なかった。それは大学で公法専攻と私法専攻に分かれ、公法専攻は訴訟法を学ばなくても良かったからである。行政事件訴訟法の立法段階でも関与したのは、民訴学者と裁判官であった。そのため、行政事件訴訟法の仕組みは民事訴訟法の特別法のように構成されている。そのために、行政実体法と行政訴訟法の連携がうまくつくられていない。

大体、法学理論には、このような立法技術の欠陥を補うために、喧々諤々と争いが展開されることが多い。マイナーな役割である。

私は、そういうことで、訴訟法の研究も始めた。役所には顧問弁護士というのが通常何人かいる。公務の法律上疑問が生じると弁護士に相談する。しかし、司法試験では行政法は必須科目でなかったから、殆どの弁護士は行政法の知識を欠いている。その頃、私は一応行政法に通じていた。ところが、行政法を知らない弁護士と仕事の上で議論すると見解が対立することがしばしばあった。その際、私の上司は弁護士の見解の方をとった。このことから、弁護士の資格の必要性を感じるようになった。弁護士になる気はなかったが、せめて司法試験だけでも合格しておきたい。

これが私が司法試験を目指した理由である。

司法試験受験の試行錯誤時代

その頃、大学の同級生は既に３名合格していた。彼等は、何れも大学時代から裁判所の書記官をしていた者ばかりである。私としては、リーガルマインドもアセスメントも身についていない時代である。

ここで色々な試行錯誤が続く。

まず、例によって、司法試験研究会の有志を募る。20名位集まる。毎日１時間くらい議論を続ける。土日に図書館に行く。そこには同志がいる。そこで議論を重ねる。しかし、聞きしに勝る難関。おいそれとは合格しない。択一試験だけは通るが、論文試験に合格しない。今のような予備校は当時はない。幾つかの大学に答案練習会というのが日曜毎にあるというので通う。とにかく色々な手段について試行錯誤を重ねていった。

有志の研究会で大学の教授を講師に呼んで答案を見てもらうと、言われた。

「山村君は頭の中では良く理解ができている。それは討論を聞いているとよく分かる。でも、それが答案に現れていない。もっと表現力をつけないと合格しない。」

なる程と思った。100%理解していて、60%の表現力では、80%の理解力で80%の表現力のある者に負ける。

そこで、清水幾太郎の『論文の書き方』(岩波新書)、岩淵悦太郎の『悪文』をむさぼり読んだ。それらの勧めに従って、小論文の要約、テキストのサブノートをつくった。これが、私が論文を200以上書くことになる基礎作りとなった。結果として、答案練習の成績が少しずつ向上する。表現力は50%から80%へと進んだのである。

他方で、仕事に関係する小論文を書いた。

当時、府庁で、国の補助金を市町村に配布する事務を担当していた。その際、補助金制度について研究をしてみた。当時、府は、職員からの提案を募集していた。早速応募して、補助金に関する一般条例の制定を提案した。努力賞を受けた。当時は提案は実現しなかったが、その後10年くらいして条例は制定された。

しかし、何と幸運なことに、司法試験の選択科目の財政学で、「地方公共団体に対する補助金制度について述べよ」という問題が出た。お手の物で、答案用紙10枚をフルに使って書いた。

その後仕事の担当が変わった。農林部農地課の訟務係である。そこでは、知事の行政処分に対する行政訴訟に対して、知事の指定代理人として訴訟を担当するのが仕事である。

行政法と訴訟法の知識を必要とし、弁護士と同じ仕事をする。私にはうってつけの業務である。ただ、公務員のキャリア形成では昇進コースからはずれる。それでも良い。具体的行政訴訟を担当し、弁護士とも交渉できる。法曹実務まで習得できる。

その仕事の一環で、最高裁判所に上告する上告理由を作成した。何と、上告理由は受け入れられ逆転して勝訴した。その判決は最高裁判所判例集に登載された(最高裁昭和39年10月20日民集18巻8号1740頁)。それには上告代理人として私の名前が載り、私の書いた上告理由も書かれていた。本に私の名が書かれたのは生まれて初めてであり嬉しかった。

その前年に司法試験に合格した。

司法修習生時代

修習生に採用されると東京の司法研修所に入る。この間は起案起案に追われる生活である。しかし、数人の修習生と議論しながら宿題の起案は早く片付け、東京の生活を楽しんだ。

大阪の実務修習のうち弁護士修習は、後に最高裁判事になられた色川幸太郎先生の事務所であった。丁度、東京オリンピックのあった年だった。色川先生は、私が指定代理人をしていたことを知って実務を教える必要はない、好きなことをやれという風だった。

私は新しい目標を設定した。行政法と行政訴訟の実務経験を元に、日本で一番行政法に詳しい弁護士になろうと決めた。法の世界は多種多様である。何か、専門を持つ必要があると考えた。当時専門といえば、特許事件か渉外事件、海事事件とかあったが、極めて少数であった。そこで行政訴訟の判例を調べはじめた。そこで一番多かったのが行政訴訟の対象となる行政処分に関するものであった。

しかし、参考文献を調べてもほとんどない。これは研究の対象になると考えた。

もともと私は、大学時代から法律行為に関心があった。そのせいで行政行為論についても関心をもった。

なぜ行為論に関心があったか。社会の紛争はすべて人間の行為から生ずる。紛争を解決する規範は法律である。

それでは人間はなぜ行為するのか。行為にはすべて目的がある。その前に動機がある。その前に欲望がある。すべて人間は欲望の達成のために行為する。そのほかに法律行為説では人間の意思を問題として扱う。意思能力、意思表示とその瑕疵論がある。

それでは、欲望、動機、目的、意思表示はどう法的に関係するのか。

すでに大学生のときに漠然とした疑問を持っていた。社会学の講義を受けると社会行動としての人間の欲望、動機、目的について話がされた。これは私のリーガルマインドの基礎となった。

この点については後に詳しく説明する。民法を習えば、法律行為、意思表示、動機の錯誤、目的の可能・適法・妥当の要件が出てくる。刑法の学説には目的的行為論がある。

「原因において自由な行為」というのもある。これらは、法における心理的要素といわれるものである。

後に私は、「行政心理学」という造語をつくる。行政は組織である。組織の決定は組織の心理学に従う。それと個人の心理は異なる。例えば、私個人の心理と私が公務員となったときの心理は異なる。これを元にして新しい理論をつくる。こういうのはリーガルマインドが身についていないと思いつかない。

刑法の勉強でもリーガルマインドをつくった。なぜ犯罪を犯した者を罰するのか。

子供の頃に父からよく言われた。人間の中には悪玉と善玉の心がある。双方は互いにケンカしている。悪玉が勝つと悪いことをする。

今にして思えば、これは人間の理性のことだとわかる。

人間に理性があるとする説とないという説、折衷説とがある。ないという説は、人間の行動は過去の人生環境の産物であるとする。統計学によると、不況時に犯罪がふえる。これは理性と関係がないとする。折衷説は環境に制約されながらも理性は少し残っているとする。理性説（主観説）では、刑罰は理性を回復するための教育であるとする。環境説（客観説）では、回復は無理なので社会から隔離するものであるとする。

刑法で期待可能性がないときは犯罪は成立しない。その理性を働かすことができないからである。

私は、人間には通常の教育を受けた限り、理性はあると考える。その理性は、置かれた社会環境によって制約されたりゆがめられたりする。それは理性の病気である。そのとき犯罪が起こる。あるいは民事の不法行為や、行政の違法行為がなされる。それを予防したり、治療したりするのが法の役割である。私は折衷説に立って行政法理論を構築していく軌跡をたどっていくのである。

誰もやらないテーマを研究する

弁護士修習の間、丹念に行政処分性に関する判例を分類してノートに要約した。そして訴訟法の観点から理論構成をしだした。

そのころ、行政法の教科書では行政処分論というのはなく、行政行為についてしか書かれていなかった。「誰もやらないことをやる」というのが私の生き方なので、行政処分の研究は私にぴったりであった。しかし、実際の法文には「行政行為」という用語は地方自治法に一語あるのみであった。行政事件訴訟法では「行政庁の処分その他公権力の行使」としか書かれていなかった。教科書の行政行為説も、ドイツの法律行為を借用した行政行為論の直輸入でしかなかった。それは実体法的な構成であった。

そのせいか、判例も「行政処分とは、直接に法律効果を発生するものをいう」としてきた。

これは、民法の「法律行為は法律効果の発生を目的とした行為」という考え方を借りてきたものであった。すなわち、民事訴訟は、法律効果の存否を審理の対象とする。しかし、行政訴訟は法律効果の存否を対象とはせず、行政の行為を対象とする。それは、行政処分が法の要件に適合しているか否か、すなわち、違法か適法かを審理の内容とする。行政処分性は、訴訟要件として、その審理の対象としての資格があるかという問題である。入学試験でいえば、受験資格の問題である。試験の対象は合格能力である。

訴訟要件をパスすれば、行政処分の適法か違法かを審理する。これを本案審理と呼んでいる。入学試験でいうと合格ライン内にあるか否かの判断である。

私が行政処分論の研究を始めたのは、大学院時代の法律行為論の検討の影響である。私の理論は、行政処分ないし行政行為論を民法の借用理論から訴訟法上の理論に転換したものである。私のいうところの三次元的なリーガルマインドである。実体法と訴訟法を分けるのでなく、一体として考える方法である。それだからこそ注目された。

それはとにかくとして、その研究の一部を司法修習生論文集に発表した。

それと同時に裁判所で修習中の指導裁判官の推薦で「行政処分概念の再検討」という論文を判例タイムズという雑誌に寄稿した。これが公刊されたときは弁護士になっていた。デビュー論文であった。また、修習生同士の研究会では、行政法の講師として講義をしたこともあった。

公刊された雑誌にはじめて自分の論文が出たときの嬉しさは今でも覚えている。それが次の論文を書く刺激となる。今では200編以上の論文を書いたので感激はない。論文を書くという作業は、リーガルマインドを飛躍的に高める効果を持っているといえる。

弁護士時代のリーガルマインド

弁護士になって、修習生時代に丹念に集めた行政処分性の判例200を総合判例研究として、『民商法雑誌』に11回連載で寄稿した。これは3年間にわたって掲載された。行政法学者が研究していない分野であったので、注目をあびる。かくして弁護士をしながら“ベンチャー学者”の道を歩み始めるのである。

ベンチャーマインドとは何か。私の考えを説明する。

人の生活パターンを大別すると次の4種に分けられる。

① 惰性型
② 試行錯誤型
③ 計画実行型
④ 人生マネジメント型（アセスメント型）

大抵の人は①の惰性型である。弁護士でも大多数は①である。少数の人は、何か目的を持ち、それを達成するために②の試行錯誤を重ねる。極く少数の者は③である。④は希である。これらの詳細については別に述べる。

私は、弁護士になって最初の3年位は②で、その後の3年は③、10年目位から④によって行動した。ベンチャー型は④である。

人生30年計画をたてる

弁護士という仕事は忙しい。仕事に追われると惰性型の生活が続く。みるみるうちに年月が飛び去ってゆく。弁護士になって5年目、独立して事務所を設けた。そこで、人生30年計画をたてた。それを第1次5か年計画から第6次5か年計画に分けた。

それぞれの5か年計画には、個別の目標を掲げた。現在この30年計画は終わった。目標達成率は80%位であった。一応満足している。

弁護士になってすぐから、行政訴訟事件を多く担当することとなる。勤務先の法律事務所が大阪府の顧問で、農地解放における地主が大阪府知事を被告として農地買収行政処分を争った事件の被告代理人をしていたためである。それは大阪府の職員時代の仕事の延長のようなものでお手のものであった。

大学の教授グループとの研究会後のワインパーティー
1998年 山村法律事務所にて

件数は多いが同一パターンであるので手間も余りかからない。行政法に関係あるので趣味と仕事が一致したと言える。余った時間で研究する。

学者と法曹との共同研究会の開催

私のリーガルマインド形成手段の１つは研究会を続けることである。

大阪府職員時から研究会をやっていたので、弁護士になってからもすぐに研究会をつくった。「行政訴訟研究会」というもので、今まで30年以上続いている。弁護士、裁判官、教授で構成する20名位の研究会であった。研究会も目標がないと続かない。当時の大阪市立大の南教授を編者として、行政事件訴訟法のコンメンタールを出版することを目標とした。

当時、行政事件訴訟法に関するコンメンタールが１冊もなかった。杉本良吉判事の薄っぺらい解説書が１冊出ていたくらいで、法律学全集でも雄川一郎先生が出された『行政争訟法』（有斐閣、1957年）があったくらい。コンメンタールは１冊もなかった。そのような現状で、一番困ったのは裁判官ではないかと思った。裁判官にとって、行政訴訟に関するコンメンタールがあれば便利ではないかと考えた。研究会で執筆者が報告を重ねた。

その成果が、南博方編『注釈行政事件訴訟法』(有斐閣、1972年) である。

初めて出た本格的なコンメンタールであったので、裁判官と弁護士が一番重宝にした。『判例時報』の行政事件のコメントの中に、必ず『注釈行政事件訴訟法』が引用された。そのような意味で、裁判官や弁護士に大変役立ったと自負している。もちろん、学会等に対しても、あまり議論されてこなかったことに対して貢献してきたと思っている。

研究会の成果としては、各種の判例解説や『判例地方自治』の座談会のほか、『判例タイムズ』の行政訴訟特集号 (別冊2号、1976年) の編集、そして『判例コンメンタール行政事件訴訟法』(三省堂、1984年) などがある。

ただ、この研究会は、関西の行政法学会の活性化を図り、実務家と研究者の共同研究ということで、実務に即した法理論の形成も目標にした。このほか、研究会では、若手であっても気軽に発言できる雰囲気をつくるようにした。とにかく、目的を持って楽しくやることが、持続するとともに成果が出ることにもなっている。そのため、終了後はいつも「ワインパーティー」をやって歓談している。それも楽しみの1つであるし、そこでいろいろな情報も入ってくる。この研究会は現在でも続いている。

弁護士時代の環境関係委員会での活動

日本の弁護士は各都道府県に地方弁護士会があり、北海道、関東、近畿など8ブロックの弁護士会連合会がある。その上部に日本弁護士会連合会がある。弁護士はこれらに強制加入することになっている。これらの弁護士会には、プロボノ活動として、人権、環境、消費者、交通事故等々の委員会がある。これらは、それぞれの問題について研究し、シンポジウムを開き、調査し、立法提言等を政府等に対し行なっている。

私は弁護士になって3年目位に大阪弁護士会の公害対策委員会の委員となった。公害法というのは、開発行政の後始末のような法であった。開発行政法は私のお手のものであったので水を得た魚のように活躍する。当時の総理大臣が田中角栄。元の田中真紀子大臣の父である。彼は、日本列島改造論を打ち出していた。

私は、公害対策委員会の中に“日本列島改造対策小委員会”をつくることを提言し、小委員長となった。

最初に手がけたのは、近畿弁護士連合会公害委員会のシンポジウムで、田中角栄の日本列島改造論を批判した。特に、ドイツの開発体系と比較して、日本の開発構想、特に国土計画がおかしいということを実態調査に基づいて提言した。国土開発などをすべて議会の議決事項にせよというようなことは、当時から提言していた。

ただし、開発はいけないということばかり言っていると、過疎地の人間はどのように生活していくのかという反論が出てくる。

そのため、開発に代わるオータナティブ（代替案）をどう考えるかについて調査を始めた。開発に代わるオータナティブの成功例を調査し始めたのである。

例えば、沖縄の振興開発計画で、本土では、３分の１の補助金が沖縄では100％になる。その理由は、沖縄県人の所得が本土の人より低いという所得格差であった。現地に行って調査すると、沖縄は物価が本土に較べて安いのに所得だけを比較していることが分かった。現地に行くと、いろいろなことが分かってくる。

そのほか、ハードな開発に対するソフトな開発をやるためには、どのような条件が必要であるのかについての研究も始めた。そうなると、行政法学だけではダメで、その他心理学等にまで広げなければならなかった。

このほか、河川関係、ダム関係、原子力関係の行政過程も調査して、自分の行政過程論に自信を深めていった。

また、自然享有権の提唱など自然環境と開発の問題にも取り組み、全国各地の調査をやった。最後に、地球環境問題について、弁護士会に積極的に取り組むように提言し、海外調査や国際的な活動もやってもらった。海外調査も欧州・アメリカなど20回以上にわたった。

その結果、日弁連として提言する環境関係の三法律案（環境保全基本法、環境保全計画法、地域開発住民参加法）や、環境アセスメント法案（環境保全政策法案）の素案を私が作成した（「環境三法の提唱に当たって」『不動産研究』15巻３号（1973年）１頁以下、『環境アセスメント』（有斐閣、1980年）95頁以下）。その経験を生かして、後日、神戸大学で「立法過程論」の講義を担当した。

現場から学ぶ法律学── フィールドワークでリーガルマインド

法律学は、通常書物に基づいたり、判例研究で勉強する。

笑い話であるが、手形を見たことがない手形法の先生もあった。物権法を学んでも殆どの学生は登記簿は見たことがない。契約書も見たこともない学生が多い。ましてや遺言書などは弁護士や裁判官にならない限り他人の遺言書を見る機会もない。

学者は、欧米の学者の本を読んで研究する。現場で研究する人は少ない。欧米の学者は弁護士や裁判官の実務経験者が多い。現場を踏まえた研究書を発表する。現場を知らない日本の研究者は欧米の研究書を通じてその欠陥を補う。最近の学者は審議会の委員等を通じて現場に接近する機会も増えている。しかし、官側だけの側面しか見ないことになる。

海外の大学に留学しても、大学の中の研究にとどまっている人が多い。海外の現場を調査する人は多くない。

私の弁護士会の調査を通じての現場から学び取ったリーガルマインドは計り知れないほど多い。組織による調査は、あらかじめ、問題点を検討し、質問先と質問事項とを決めてそれをあらかじめ送る。そして現地で、意見の対立する双方から見解をヒアリングする。

それによって法の解釈の差異、立法、政策やその適用、実施過程の不備が分かってくる。

そこで立法政策等についての議論をした上で改革の提言をつくりあげる。ここまで来ると、「立法政策リーガルマインド」形成と言える。

行政と住民が対立している現場では双方の見解が食い違っている。双方から意見を聞くことで、どう考えたらよいかというリーガルマインドが形成される。

学者との二股人生

私の人生第2次5か年計画に入ると、それ迄の論文が学会で注目されはじめ、関西学院大学、北海道大学、神戸大学の各法学部から非常勤講師の依頼がきた。かくて弁護士と学者の二股人生に入る。その講師は学生の家庭教師の時給よりも安い。それでも14年間続けた。

第3次5か年計画に入ると、大阪弁護士会公害対策委員長、日本弁護士連合会公害対策環境保全委員長を大学講師と併行しながら勤める。

第５次５か年計画に入った頃思いがけないことが起こった。

神戸大学法学部専任教授として来てほしいという依頼がきたのだ。国家公務員だから弁護士は兼務できない。私の30年計画には専任教授となる計画はない。迷った。しかし最終的には人生30年計画を大修正することにして就任を承諾した。ただ、定年まで５年間だけである。

大学教授時代のリーガルマインド

神戸大学の教授になれたのは、弁護士20年間に書いた100以上の論文が業績として認められたからである。弁護士になると同時に公法学会に入り、その後、学会報告をし、学者との共同研究もやっていたことが認められたといえる。

大学法学部の社会というのは実力社会である。最初、三流大学法学部の講師に就職しても、良い論文を発表していれば一流大学から引き抜かれる。大学を４回も変わる人もある。

私のように、助教授もやらずに、直接教授になることもできる。

大学教授というのは弁護士よりも自由である。弁護士は依頼者や事件に拘束される。忙しくて研究の時間が少ない。教授は研究室や研究費を貰い、研究時間もある。夏休みは３か月もある。しかし、おかしなもので、忙しかった弁護士時代の方が論文を多く書けた。

NGO活動でのリーガルマインド

大学教授になると公害訴訟を担当していた弁護士から新しくつくる市民運動団体の代表理事になってほしいと頼まれた。名前だけで活動しなくてもよいという。どうも市民団体というのは、教授の肩書のある人を代表にしたがる傾向があるようだ。小さな団体だし、軽い気持ちで引き受けた。設立総会にも忙しくて出られなかった。名前を「大気問題を考える市民会議」(CASA)といった。

1988年、CASAが設立された翌年、当時のイギリスのサッチャー首相が「フロンガスによるオゾン層破壊問題の国際会議」を開催した。それと併催して「フロンガスに関する世界市民会議」を開催すべく世界のNGOに対し、旅費・滞在費持ちの招待状を出した。日本にはCASAに来た。私が代表でロンドン飛んだ。そこで世界のNGOの代表と交流する。

一九九九年　日弁連調査
ドイツ　ハンブルグ行政裁判所で

一九九九年　日弁連調査
パリ　フランス最高行政裁判所で

一九九九年　日弁連調査
パリ　ウグロ法律事務所で

帰国後、新聞等に会議の報告を載せ、CASAで地球環境問題の研究会をやる。その秋９か国から海外NGOを招いて、京都と大阪で国際市民シンポジウムを行った。これはテレビや新聞で華々しく報道された。

翌1990年、ワシントンで開かれた気候変動に関する国連のアセスメント会議（IPCC）に出席して、私が20分間NGOの代表として意見を述べる。ここで、国連の地球環境温暖化対策でもアセスメントしていることが分かった。

これが、地球環境問題への関わり合いの契機となった。市民運動団体の名も「大気問題を考える全国市民会議（CASA）」と変わる。これが後に国際環境NGOとなるとは思いもよらなかった。私はCASAの代表理事として毎年海外の国連環境会議に出席することになる。国内でもアースデーなど種々の活動をし2001年にはNPO法人となった。私はゼミの学生を国連会議やCASAの国内会議に出席させた。学生は感激していた。これらの活動は毎年新聞紙上で報道された。

こうした中で私は国際環境法のリーガルマインドをも形成していった。これはすばらしいフィールドワークであった。

学生にとっては、無味乾燥に見える教科書による勉強よりも、フィールドワークは「百聞は一見にしかず」で身についていくのである。

私のリーガルマインドの軌跡からすると、教科書や参考書だけ読む勉強よりも、具体的事例や社会日常起きている事件を素材にして議論していく方がリーガルマインドが早く身につくということができる。

大学の法律相談部活動とリーガルマインド

このことは、大学の法律相談部の無料法律相談についてもあてはまる。

相談を受けることで生の事件について具体的に考える。答えるために条文や参考書を見るときの集中力は数倍にも高まる。こうしてリーガルマインドが高まる。

私が調べた限りでは、法律相談部に属する学生の司法試験合格率は極めて高かった。本を読んで覚えるのではなく、頭で考えるリーガルマインドが形成されるからである。

環境NGO活動と環境法の形成

環境法というのは新しい学問領域である。当初は、公害被害の損害賠償論から始まる。それ故、民法学者が主に論じた。

その後、公害規制行政法ができ、増加するにつれ、行政法の領域ともなって、行政法学者も論じるようになる。現在では民法学者と行政法学者のせめぎ合いの領域となっている。

当初の公害訴訟は、損害賠償請求訴訟の判例が多く、行政法の知識がなくとも民法の知識があれば対応できた。

しかし、事前差止など複雑になってくると、行政法の知識が必要になる。ただ、弁護士で行政法の知識のある者は少ない。調査の結果得たものを行政法的にどのように分析し、法案化して提言するかについては、私以外はほとんどできなかった。

環境NGOも同じであり、環境NGOの中で行政法の知識を有しているものはほとんどいない。また、分析・批判した上で、提言できる人もほとんどいない。そこで、私の行政法の知識を環境NGOの活動に生かしていきたいと思った。

また、私の理論は現地主義なのでフィールドワークで得たもので理論を形成していくことを重視している。

環境NGOの活動を行うことにより、法律はこうなっているが実際にはどうなっているのかということが分かってきた。実際の行政の裏のやり方が分かってきたのである。

現地主義でやっていると、いろいろなことが分かってくる。そのような観点から弁護士会の調査活動と環境NGOの運動といったフィールドワークにより、理論を創るということをやった。

それが現地主義を踏まえた環境法理論の形成という成果になっている。そして、国連の環境会議にNGOの代表として毎年参加してきた結果、国際環境法の分野についても研究発表するようになった（『環境保護の法と政策』（信山社、1996年））。

隙間《すきま》学問とベンチャー学者

才能のある人は別として、私のような凡人が学者と対等の議論ができるようになるには人並みの研究ではできない。

誰も研究していない分野をさがす。

その上で、人のやらない発想法を使う。

これがアセスメントという考え方である。それを法律の研究に使うのがリーガルマインドアセスメントである。

私が選んだ行政処分性論は、行政実体法と訴訟法との隙間にあった。それを研究するには両方を研究しなければならない。そのような研究者は当時いなかった。裁判所はそれを、法律行為的な実体法の考え方、すなわち、法律効果を発生するものという考え方でとらえていた。それを私は訴訟法的思考でとらえた。訴訟の対象の問題だからである。

産業にも隙間産業というものがある。誰もやらないところをやる産業である。また、人がやっていることでも、人のやらない方法でやるのがベンチャー企業である。

松下やソニーも当初はベンチャ－企業であった。勉強も人のやらない方法でやるのがベンチャー勉強という訳である。

例えば、本を読むとき、先ず薄い入門書からはじめる。次に初級、中級、上級の本へと進む。

民法でも学説の多い２冊の本を見較べながら読む。１章づつサブノートや要約をしながら読む。その本の書評をさがして読む。『ジュリスト』や『法律時報』の索引から関連論文をさがし出して併読して読む。そして、自分の意見で感想を書く。数人と同志を集めて、その本についての研究会をやる。こういう同志は図書館に行くとうようよしている。私の受験時代には、図書館の食堂で１時間くらいよく討論をした。その多くは合格した。

議論することは著しくリーガルマインドを高めるように思われる。

大気問題を考える全国市民会議代表世話人
山村　恒年さん

このままでは地球は滅びてしまう

「今のうちになんとかしなければ、地球は本当に滅びてしまう。豊かさに慣れきった私たちの周囲で、そこまで環境は悪化しているんです」

大阪・中央区谷町のビル内に本部がある「大気問題を考える全国市民会議」（略称ＣＡＳＡ）の代表世話人、山村恒年さん（五九）が力をこめて語る。本職は行政法、環境法を教える神戸大学法学部教授だが「現在はＣＡＳＡにかかりっきり」。

そのＣＡＳＡは九月七日に京都で、八日には大阪で「地球環境と大気汚染を考える国際市民シンポジウム」を開く。フロンガスによるオゾン層破壊など地球規模の環境問題を話し合おうと、国内の市民団体に呼びかけて実現させた。ケニア、ブラジルなど海外九カ国からも代表を招いて、かけがえのない地球を救う道をさぐる。

直後の十一日からは、政府と国連環境計画（ＵＮＥＰ）が「地球環境保全に関する東京会議」を。

「別に対抗しているわけじゃない。下準備だと思っています。でもネ、環境破壊の責任は先進国にある。中でも、金持ち国とおだてられている日本の責任は重大。それを十分認識し、反省しているのか、少々心配なんです」。

東京会議には市民の参加がない。「実はＣＡＳＡからも代表が出席できるようにと、申し入れたんです。それが見事に断られまして」と残念そう。「フロンガスにしても、熱帯雨林の伐採についても、消費者である一般市民の立場で考えることが必要ではありませんか?」。政府の対応に不満あり、といったところだ。

「まあ、市民による環境保護運動自体が日本では盛り上がってませんからネ。ＣＡＳＡの会員はいま六百人。昨年五月に設立されたばかりだから仕方ないけど、欧米あたりじゃ数十万人規模の市民団体がいくつもある。今度の市民シンポをきっかけに、少しでも欧米に近づけるように運動を進めたい、と思っています」。

大阪市出身。大阪市立大学法学部を卒業後、府職員を経て弁護士を開業。公害病患者の救済や補償問題を手がけるうち、環境保全に取り組むようになった。

外見はスマート。まさにジェントルマン。しかし、内に秘めた反骨心はなかなか。

「まだ諦めていませんよ。市民シンポで採択するわれわれの提言書を持って、必ず東京会議に乗り込みます」と宣言した。

［大阪新聞一九八〇年八月二六日］

4　リーガルマインドアセスメントのすすめ

人生アセスメントとは

意思決定の合理性を確保するための手法がアセスメントであるとすると、これを人生経営に利用すると合理的な人生を送ることができることになる。私はこれを「人生アセスメント」と名づけた。

私は、大学での環境法の講義で環境アセスメントの説明をするとき、アセスメントの意義を人生アセスメントの例で述べた。20年も以前は、アセスメントの言葉は誰も知らなかった。

その頃、関西新空港の計画が出てきて、環境アセスメントを大阪府がすることになった。朝日新聞はこのニュースに目をつけて、これを追跡することにした。

しかし、当時の新聞記者は見慣れないアセスメントという言葉の意味がわからない。私がアセスメントの本を出版していたこともあって、朝日新聞本社の社屋で10人くらいの記者を相手に説明することを頼まれた。そこで、私が大学で人生アセスメントにたとえて説明している内容を話した。ところが、記者は関西空港アセスメントより人生アセスメントの方に興味を示した。

翌日の朝日新聞に、私が大学で人生アセスメントの講義をし、私自らがそれを実践しているとの記事が写真入りで掲載された。それを読んだ東京本社の編集委員から電話で人生アセスメントの取材が来た。数日後、それは朝日新聞の夕刊の一面のコラムに載った。それは次頁の「今日の問題」というコラムであった。

これを読んだ出版社２社から、これを本に執筆しないかと頼まれた。１社のみの出版に応じて執筆した。その出版社は題名を『男は40代からやり直せる』とつけてしまった。当時40代の人口が一番多かったからだという。その本は１週間だけ大阪の旭屋でベストセール10に入った。新幹線のキヨスクの本棚に並べられた。１万部まで売れたが絶版になった。

その出版社は、田中角栄元総理の関係の本ばかり出していたが、田中が逮

今日の問題

人生アセスメント

一日は、だれにとっても二十四時間である。だが、それをどう使うかには、人によって、ずいぶん巧拙がある。えてして日々は、雑事のうちに過ぎて行く。

それでは人生の目標がどこかに行ってしまう、と「人生のアセスメント（事前調査）」を勧める人がいる。大阪の山村恒年さんである。

山村さんは弁護士兼学者で、環境アセスメントの研究を続けている。「環境アセスメントは、目標を達成するための合理的な意思決定手段である。その手法を生活に応用しよう」。山村さんは、それを果敢に実行している。

山村流人生アセスメントでは、まず、いかに生きるか、という大目標を立てる。山村さんの場合は「だれも手をつけないこと、他の人間のやれないことをやる」だった。次に、三十年間の長期計画、十年間の中期計画、年単位、月単位、週単位の短期計画を立てる。計画の中身は、仕事、家庭、趣味、健康に区分し、計画の詳細は数種類の手帳に書き分ける。

さて、あとは計画を実行するだけである。実行するにはコツがある。何年後には、これこれの成果をあげると、周囲に向かって声高に公言することが一つ。定期的に計画の進み具合を点検し、うまくいっていなければ、あらかじめ用意しておいた代替案に切り替えることが一つ。

論より証拠、というべきだろう。山村さんは、人生アセスメントを生活に導入することによって、環境問題や行政法の論文を五十編以上、書いた。現在も、英独仏の会話、腕立てふせの回数、老後のための準備などで、着々と成果を積み重ねている。しかも、時には、ふらりと気ままな旅に出るというから、計画は四六時中、緊張一色というわけではない。

一日が、列車の過密ダイヤのように分刻みでは、たまったものではない。かといって、毎日の意思決定が、いつもの通りの惰性型、なんとかなるさの試行錯誤型、あいつがやるならおれもの刺激反応型、その日その日の気分型……では、大した実りも期待できない。

日本債券信用銀行会長の勝田龍夫さんは「重臣たちの昭和史」を、電源開発総裁の両角良彦さんは「１８１２年の雪」を書いた。山一証券経済研究所理事長の吉野俊彦さんは、森鷗外評伝の第六部「双頭の獅子」の仕上げにかかっている。

会長、総裁、理事長、それぞれに、時間に恵まれた人ではある。恵まれたものを有効に使い切るかどうか、そこが非凡と平凡の分かれ目になる。

［朝日新聞一九八一年八月二八日夕刊］

捕されて本が売れなくなり倒産したとのことである。

その後、ぎょうせいという出版社から、新しく『非凡人への挑戦』を出版した。これも5000部ほど出たが絶版となった（次頁記事参照）。

人生のパターン

人間は一般にどのような生き方をしているかを分類してみると、次のようになる。

①　惰性型　　仕事のうえでは、先輩のいままでの仕事を見習って同様のやりかたを行ない、そのうちに昨日同様今日も明日もと同じ様に進めていく。また、昨日も野球を観たから今日もと、あまりに不思議とも思わないで毎日毎日同じパターンを繰り返して何ら疑問をいだかない。

②　刺激反応型　　仕事のことで疲れたのでチョット一杯と誘われて「じゃ行こうか」とか、今日は巨人・阪神戦がある、「それなら見ようか」というように、すぐに反応して別に深く考えない。

③　試行錯誤型　　普通多くの人は惰性・刺激反応型で生活していると思うが、もう少し意気込みのある人は、ある程度漠然とした目標をもって達成しようと努力する。失敗すれば別のやり方を考えて実行する。

④　目的プログラム型　　もっとはっきり計画をもって実行する型で、自分の人生目標の達成のため、５年、10年計画をたて実行に移すやり方で、これをする人は非常に少ないと思う。

目的プログラム型から計画アセスメント型へ

私が30年前に弁護士になった時、人生の30年計画をたてた。というのは、建築技師を経て９年間府庁にいたが、その間に大学へ行きなおしたりして同年配の弁護士に比べて遅れた11年間を取り戻したいと考えたからで、第１次～第６次の５か年計画に振り分けて、さらに各１年ずつに分けたものである。

残された50～60年をどう生きるか、基本目標をたてその下にサブ目標を設定する。例えば、血圧を下げる・子供の育て方・趣味・老後・マイホーム貯蓄などの目標というように、人生のプログラムをさらに細かく分けて目標を作ることが、やる気を起こさせることになるわけである。したがって、目標を設定する事が大事なことになる。

新聞記事から3

体験生かし「非凡人」ノスゝメ

型破り弁護士が来月上旬に出版

「非凡人」になるために、自分の人生をアセスメント（評価）してみては―。大阪府職員から三十代で司法試験にチャレンジ、行政法の権威になった弁護士が、自らの体験をもとに、人生をやり直せたらという凡人の夢をかなえるノウハウを本にまとめ、二月上旬、出版する。企業や自治体が事業を行う際に採用している計画アセスメントの方法を個人レベルで導入しようと提言しており、型破り弁護士の弁舌はさわやかだ。

大阪弁護士会所属で、神戸大教授（行政法）もつとめる山村恒年さん（五八）＝兵庫県芦屋市翠ケ丘町一八。本のタイトルはずばり「非凡人への挑戦」（ぎょうせい刊）。

自分が決めた人生の目標に到達するため、ベストと思う方法を選択しながら、常にその方法をアセスメントしよう、というのが、山村さんの提言。山村さん自身の体験から生まれた考え方だ。

複数の人生計画を立て　企業並みに「評価」を

昭和二十四年、都島工業専門学校（現大阪市立大工学部）を卒業した山村さんは、布施市役所（現東大阪市役所）に就職。しかし「どうしても法律の勉強をしたい」との思いが捨て切れず、勤務を続けながら大阪市立大法学部の二部（夜間）に通った。

卒業後は市役所を辞め、大阪府に。「農林部で農地問題にからむ訴訟など担当していたとき役人として役に立つかもしれない」と、司法試験にチャレンジした。すでに三十歳を超えていたが、四回目の挑戦で三十八年、見事合格。

四十一年、弁護士を開業した。「学生時代に興味を持った行政法の第一人者になろうと決めて、弁護士になった時三十年計画を立てたんです」。山村さんは三十年を五年ごとに区切り五年計画を想定。最初五年間では行政法の研究会を作ることを決めた。さらにその五年間を一年ごとに区切って一年間で海外にも各国の公法の勉強に行く、学会に入るなどの個々の計画を作った。そして一年後、計画を振り返って、達成できたか、方法に問題はなかったか、など自分だけでなく、他人の意見も聞いてアセスメントし、効果のなかった点は翌年の計画で修正する。五年の計画終了時にも同様にアセスメントし、五年計画に生かす。

山村さんは「三十年計画はマクロな人生のデザインなんです。それを実現するために、さらに小さく区切って計画をたてる。実現までに何があるかわからないので色々なことを予想して、複数の計画を作っておくのが大切です」という。

そして「アセスメントを繰り返して業績を伸ばす方法は、各種の企業でとり入れられ成功をおさめているが、個人レベルとなると行われていない。私はそれを個でやってほしい」と、話している。

［サンケイ新聞
一九八八年一月二六日］

計画型人生アセスメント

私は計画マネジメント型というものを提唱しているのである。

これは、５年計画の途中３年目くらいに見直しと修正を加えてゆく、いわゆるモニタリングをすることで、行政の場合には必ず計画・モニタリング・修正を繰り返してゆく。

これをローリングシステムと呼んでいる。

このように、自分の計画を絶えず見直すことが必要である。

しかし、それでもまだアセスメント型とは呼べないと考えている。

計画の実行は、目標達成の必要に迫られている場合はやりやすい。仕事がなく、背水の陣を敷いて試験を受けるような場合がそうである。

目標が具体的でも、必要に迫られていない場合は、実行が続きにくい。相当の努力を必要とする。

計画の実行を続ける意思力があったとしても、その手段が良くないと目標を達成することが困難である。予測がしばしば狂うのも、手段に問題があることが多い。

このタイプのものとしては、最近いわれている「生涯設計論」や「人生計画（ライフ・プラン）論」がこれにあたるといえよう。

企業でも人事管理論や能率向上のためから「キャリア開発プラン」による社員の生涯設計教育をしているところも出はじめている。私も青年時代は主としてこのタイプでやってきた。

最近は国や地方自治体の経営でも、この方式を取り入れている場合がある。「長期経済７カ年計画」とか、「治山治水整備５カ年計画」「都市公園整備５カ年計画」「公害防止計画（10年計画）」などはこれにあたる。

しかし、それらの計画も予測を誤ったり、他の計画との調整を欠いたり、情報不足であったりしてうまくいっていないものが多い。経済計画など、いつも計画途中で、新長期計画に組みかえている。

計画型人生アセスメントのすすめ方

目標達成を理性的、合理的にやるためには、計画アセスメント方式がよい。私も最近はこの方式によっている。この方法の概要は、図３のとおりである。

図３　人生アセスメント体系

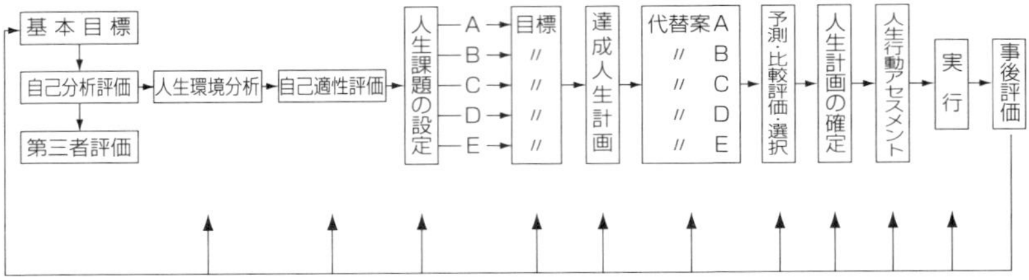

更にもう少し具体的に述べてみよう。

① 人生の基本目標をたてる。
② 自己の適性評価をする。
③ 目標達成のための課題の設定。
④ 課題を達成するための健康、ビジネス、社会活動、家庭、趣味等についての個別具体的計画を定める。
⑤ 個別計画達成のための戦略を複数考える。これを代替案という。これは多ければ多いほどよい。
⑥ 各代替案を実行した場合の短期と長期にわたるメリットとデメリットを評価する。この効果は直接的なものだけでなく、それがまわり回ってどのような因果のもとにどのようなインパクトをどういうようにおこすかも考える。

ⓐ 基本目標　　弁護士、大学教授、司法書士、公務員などになる目標を設定する。

ⓑ どのように性格の適性評価をするか　　目標を達成するためには、自己の性格の長所、短所、適性などを評価して、それに適した計画をたてる必要がある。

人間の長所、短所、適性が写る鏡でもあればこれにこしたことはないが、それがない以上、まず自分が分析すべきである。

たいてい、いつも友人や上司、家族から、

「君は、気が短いのが短所だ」

とか、

「あなたは何でも長続きがしない」

「君はコツコツ１つのことをやりとげる点が長所だ」

「君は情況判断がうまい！」

「責任感がある！」

など永年にわたっていわれているから、ある程度自覚しているものだ。

それを10点満点で評定要素ごとに採点すればよい。

さらに、家族、友人、上司、同僚等に10点満点で採点してもらう。これを比較して平均値をとるのも１つの方法だ。

次に他人の行動を見て、果たして自分はどうかと考えてみるのも１つのやり方だ。

「人のふり見てわがふり直せ」という言葉がこれに当てはまる。

同僚が上司に、「何だ！　この報告書の内容は、中身がないではないか！もっと突っ込んだ調査をしたうえ作り直せ！」と叱られたとする。

「自分だったらどうか？　それよりも良い報告書が作られていたか？　充実した調査をしただろうか？」と考えてみる。

同様なことは長所についてもいえる。

私は弁護士になりたての頃、ある事件でかつて国会議員もやったことのある弁護士を相手にしたことがある。

その相手方の書いた書面を見て驚いた。

「こんなによく準備して、証拠を着実に引用した、説得力のある書き方もあるのか！」と思った。早速その手法をマスターした。

さらに、それに改良を加えて私自身の独自の「準備書面」を工夫開発した。

逆に、相手方の弁護士の欠点を見て反省することもある。

私の方から見ると、「この事件は、Ａという人を証人に出されたらこちらは負けるかもしれない」と思っていたのに、相手方の弁護士は調査不足かどうなのか、Ａを証人に申請しない。そのために私はその事件で勝訴した。

それを見て、「自分も他の事件で調査不十分なところがないといえるか？　申請すべき証人を申請していないのではないか？　もう一度見直そう」と反省する。そして再調査する。

「失敗は成功のもと」という。

自分の過去の失敗例を見ると、だいたい自分のミスを定型化できる。

「自分はこういう点でミスが多い」というのもわかる。

こういうのは、「自己診断カルテ」を作って書き込んでおく。

自己診断、第三者診断の結果は「適性診断カルテ」を作っておき、絶えず見直すと良い。

私の性格改造

私は、少年時代は、“鈍”な方であった。“固パン”といわれたこともあったように、頭が固く、融通性に欠けていた。

他方、自分の信念を通すことがなく、人からいわれると簡単に、その方向を変えた。

戦時中、学徒動員で飛行場へ働きに行ったが、無遅刻・無欠勤であった。軍国主義教育を素直に信じていた。

それが、敗戦で、社会の考え方は一変した。その頃から、人のいうことはむやみに信じ込むものではないということが、しみつくようになったのである。

余談ではあるが、弁護士でも、戦争中士官の軍人であったような人に、戦後は社会主義運動で活躍している人が多い。

私は子供の頃から作文が苦手であった。クラスに作文の上手なのがいて、それを先生が読みあげると「なぜ同じ人間なのにこんなにうまく書けるのか」とひがんだりした。

学生時代、ゼミの時に、先生がよくこういったものだ。

「君は討論をしていると、よく勉強し理解していると思うんだが、答案には、君の実力の３分の１くらいしかでていないな」

「先生、私は昔から作文が下手なんです」

「表現力がまずいね。もっと書く練習をするんだな」

それから私は清水幾太郎の『論文の書き方』や岩淵悦太郎の『悪文』など

の文章を読んだ。何度も何度も書く練習をした。５年後にはなんとか論文が書けるようにまでなった。

人生目標・課題に不可欠な短所はどうしても是正すべきだが、そうでない場合は長所を伸ばす方がよい。

例えば、作家、評論家、ジャーナリストになることを目標とする人は、表現力がないというのは致命的欠点であるから克服する必要がある。

逆にエンジニアになる目標の人は、表現力のないことはそれ程の短所にならない。

私は、若い時から社交性に欠けるが、弁護士という職業にとってこれは不可欠ではない。

弁護士でも、社交型によって顧問先や依頼者を獲得していくタイプと、研究・能力開発型によって依頼者を増やしていくタイプがある。

私は後者である。

このように同一職務でも複数のアプローチのパターンがあれば、自分に合った方をとればよい。

私の場合は、非社交性を克服することと、研究・能力開発することを比較すると後者の方が可能性が大だから、それによっている。

短所克服で労多くして得るところ少ないものにはあまり時間をかけず、むしろ労少なくして得るところ多い長所を伸ばす方がよい。

自分を分析・評価する――能力開発と性格改造のための自己分析

人間には潜在的な能力と長所がある。同時に短所がある。

人生改革をやるためには、「能力開発」と「長所強化」ならびに「短所克服」が必要である。そのためには、自分自身を客観的に知らねばならない。その上で長所を強化し、能力を開発するプランをつくり、それに基づいて開発活動を行う。

他方、短所克服と短所に適したプランを作成し、それに基づいて実現する。

これを図示すると図４のようになる。

ここでよく知っておいてほしいのは、人間の心理として、短所を克服するより長所を延ばす方が容易であり、心理的抵抗が少ないことである。

図４　能力開発と性格改造のための自己分析

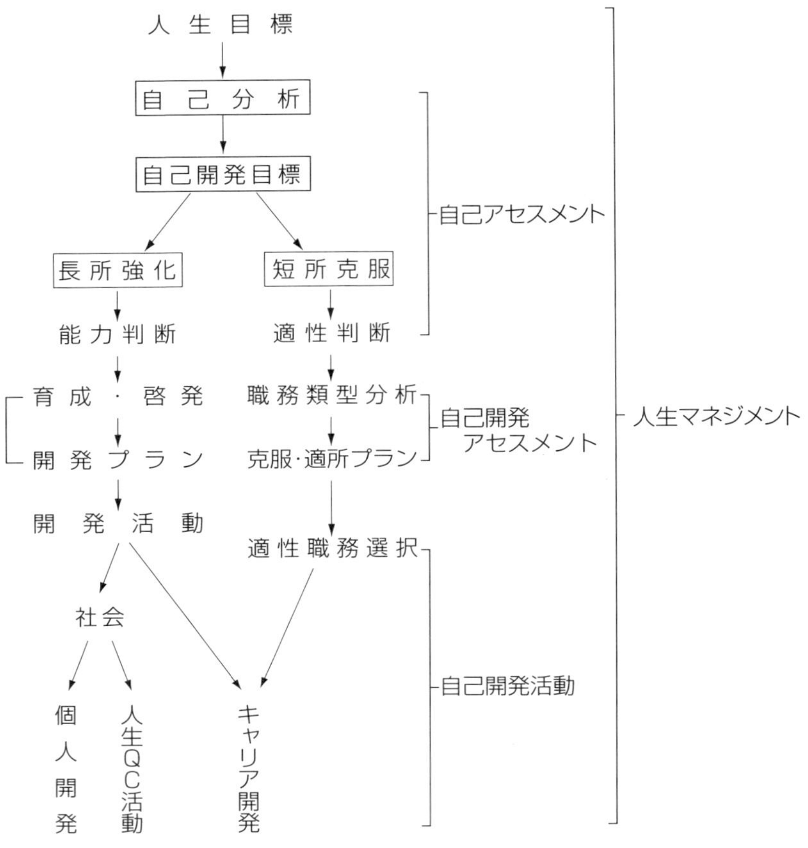

自分の特性を追求せよ

このような自己診断に基づいて、自己の特性にあった人生の目標や行動方策を考える必要がある。

ただ、ここで注意すべきは、世間の基準をそのまま用いるべきではない。

例えば、「頭がわるい」という基準は、あまりにも漠然としていて使用にたえない。

「頭」といわれるのにも、「記憶力」「理解力」「分析力」「企画力」「表現力」

「感受力」等々、その要素は無数にある。それらは、画一的に「よい」とか「わるい」とかいえない。

天性によるものもあるし、訓練によって形成されるものもある。学校で出来がわるくても、事業に成功する人は多くあるのである。

世間では、試験というペーパーテストの結果を基準として、「頭」をきめているにすぎない。それは「頭」のごく一部にしかすぎないのである。

試験に弱いから「頭がわるい」と決めつけるのは、誤解である。その逆に、短所に気づいていない場合も多い。

誰にでも潜在的な能力がある。それは、チラチラと現れることがある。それを目ざとく見つけるのだ。

私の頭は、そう良くなかったし、少年時代は「企画力」も弱く、「記憶力」も普通だった。

私は子供の頃、手相を見てもらうのが好きで、よく占ってもらった。

「あなたの手相はすばらしい感情線が走っている。感受性がよい。」といわれた。

そういえば絵がうまかったのは「感受性」のせいかと思った。これを伸ばそうと思って建築をやってみたが、予想ほど伸びなかった。そのうち、経済や法律の考え方について感受性があることがわかってきた。これを伸ばしてみたのがよかった。

ただ、勉強する根性がなかったし、夜学だったから司法試験など始めからあきらめていて受ける気もなかった。

ところが、そのうち私が「凝り性」だということがわかってきた。誰となくそういうのである。

絵を学ぶととことんまで深入りする。コーラス部に入るとポスター書きから舞台演出・装置にまで手を出す。

要するに気にいったことは徹底的にやらないと気がすまない。

好きな行政法だと徹底的に勉強する。

その代わり嫌いなものはやらない。だから、学校の試験の成績はむらがある。

そこで私は考えた。

「これを利用すれば司法試験も受けてみようという気がするのではない

か？」

まず、行政法をやるには基本となる憲法を勉強することが必要だが、それも好きだから勉強していた。行政訴訟をやるには、訴訟法の勉強も必要だから、これはすすんでやる気になった。民法も、基礎知識として必要だからやる気になる。

問題は、刑法と商法だ。この２つさえ何とかこなせば、道が開けてくると考えた。「足らない分は好きな憲法と行政法とで補えばよい」と思った。

こうして好きな科目を中心としてやり、他の科目は好きな科目への足がかりと考えてやった。私は「凝り性」を利用して好きな科目を徹底的にやったのがよかったのである。

自分の個性のうちの“長所”を徹底的にやったのがよかったのである。

そうすると、

「人に評価される」→「ますますやる気が出る」→「自信がつく」
→「ファイトがわく」

という好循環になる。

人生計画表の作成

今まで述べてきたような方法で、基本目標、人生課題、課題目標、達成方策、その目標が決まれば、

a　30年計画
b　５か年計画（第１次ないし第６次）
c　１年計画
d　１か月計画（今後３か月分くらい）
e　１週計画（今後１か月分）

に割り付けて計画表を作る。

長期のものほど計画内容が粗く、抽象的で、短期のものほど細かく、具体的であるのは当然だ。計画は、視覚に訴えられるよう一見して明らかにわかるようにしておくことが必要だ。

現在どの段階にあるか、予測とどのくらい食い違いが出ているかわかるようにしておく。数冊の手帳に分けて書いておくか、別々の用紙に書く。

それには、大項目として、

a　ビジネス

b　健　康
c　研　究
d　社会活動
e　財　政
f　家　庭
g　その他の項目

の各欄に分けて目標と行動計画の概要を書いている。

その年が終わると赤字で結果を書き込んでおく。

将来の環境を分析する

現在の環境を分析するだけでは、人生の将来の課題を検討し、人生計画を立てることはできない。

これからの社会はどのように変化していくか。職業環境はそれに伴ってどう変動していくかを分析する必要がある。

私が、行政法を専門に決めたのは、「資本主義社会が続く限り、社会の発展に伴って、強者と弱者の差がはっきりする等の矛盾がますますふえていくだろう。そうすれば、それをチェックするための行政法もますますふえ、需要が多くなるだろう」と考えたからにほかならない。

環境問題にコミットするようになったのも、「地球の資源は限られている。技術はますます高度化して発展し、資源を大規模に消費することが可能になるだろう。人間の欲望は限りないから、資源を食いつぶし、環境を破壊していくだろう。そのため、環境管理法が必要だ」と考えたからにほかならない。

「土地法」についても同様である。「土地は限られている。核家族がふえる。住宅に対する欲求がぜいたくになる。産業の発展が土地を要求する。そのための規制法規がふえる」と考えたのである。

私は、これからは社会が複雑になり、これらの問題を解決するのに「経済学、財政学、行政学、社会学、心理学」の知識が必要になるだろうと予測した。果たして、アメリカでは30年前から、これらの法律問題を考えるのに、上のような学問を導入し始めた。日本にも10年後にはそうなるだろうと考え、いち早くその手法をとり入れている。これはアメリカ法学界の情報をキャッチしたからだ。

将来環境の予測情報は、雑誌、新聞、学術誌、政府統計資料によりキャッチし、切り抜きまたはコピーをしてファイルしておく。

人生環境について、将来老人時代がくることは誰でもわかる。老人時代が来れば、職業環境はどのように変わるかを、長期、中期、短期の将来予測をしておく。

私は法律だけでなく、哲学、経済学や心理学、経営学も勉強している。

法律家が法律しか勉強しないところに、問題がある。関連の幅広い学問の成果を、法律にとり入れてこそ、法律の世界は発展するのである。

人生課題と人生目標の設定

人生課題の次にその目標が定められるべきだ。それが決まると、目標達成経営計画を立てる。

これも人生計画同様、長期、中期、短期の計画が必要だ。

30年計画も、５年計画も、それに応じて修正していかねばならないだろう。

私は、自分だけが偉くなりたいとか、幸せになりたいとか、あるいは出世したい、金をもうけたいとか考え、そのためにどういう人生技術が必要かという「アリキタリ」の人生論には不満をもっている。人間、誰でも死ぬまで平和に、苦労なく、安心立命できればよいと考えているのだと思う。

しかし、今の世の中は、その保障がないので皆不安を持っている。そのために生きる術を知りたいと苦労しているのだと思う。

人生をうまく切り抜けていけるという見通しが立って初めて、人間は社会のため、自然のため、人間すべてのために尽くし、尊敬される一生を送りたいと考えている。

今まで、いろいろと人生の生き方の技術について述べてきた。それは、暗中模索の人生から抜け出て、光明を見出し、不安のない生きがいのある人生に達するまでの技術である。

このレベルの人生に達したなら、「自然に対する愛」「人間に対する愛」をもって、現世の人のみならず、次の世代の人のために生きる計画を立て、これを実現していきたいものである。

「自己実現」は、こうした「こころのたかまり」である。

そのためには、自分の人生で解決しなければならない課題は何かを考える。何のために人生を生きるのか。弁護士になりたいだけでは不十分である。何のために弁護士になりたいか。どのような人生のためになりたいかを明らかにしておく必要がある。

私の人生30年計画

私は30代で人生30年計画をたてた。それを第6次5か年計画まで分割したことはすでに述べた。

○私の基本目標

人のできないこと、人のやらないことをやる。

80代まで健康で活躍する

○個別計画と目標項目

健康　体重、血圧、コレステロール、運動量

語学　英語、仏語、独語

研究　行政法、土地法、環境法

社会　環境保全活動（国内、国際NGO）、海外調査

○5か年計画例

研究目標	論文執筆	毎年5編
	研究会	毎年12回
	海外調査	毎年2回
	国内調査	毎年5回

グレシャムの法則

良質の貨幣は人々が貯え、悪貨ばかり流通するというのが「グレシャムの法則」である。

人間の行動も同じである。人生の目標を見つけ、何らかの手段・方法で計画的にそれを実行していく——という前向きの生き方が必要であることは、誰でも頭の中でわかっている。

わかっていても、現実には、日々の仕事や雑用に追われたり、目先の娯楽に走って、人生の基本的な計画を考える時間を持てない。テレビを見たり、酒を飲む時間はあっても、である。

計画は作っても実行しなければ何にもならない。それを考え、実行する時間を作り出さなければならない。時間は作ろうと思えば、幾らでも作り出せる。価値の低い雑用や無駄な時間を削ればよい。

それは、決断力の問題だ。決断力がないのは、人生の目的がはっきり決ま

っていないからである。テレビを見る時間を半分にする。週刊誌は読まない。飲みに行く時間を半分にする。

二度とない自分の人生だからこそ、今この瞬間から、いかに一日一日を大事に有意義に使うべきかを、計画したいものである。計画に使う「1時間」という時間は、何をする時間よりも貴重で、有意義な時間となるであろう。

このように、計画や手段を考えるためには、平常から問題意識を持っておくことが必要である。

良貨にもいろいろある。価値に違いがある。人生計画にも目先のものと、定年後の人生をも考えるものとでは違う。

良質の良貨を持つように、人生の計画を考える時間を持つ必要がある。

現在の環境を分析するだけでは、人生の将来の課題を検討し、人生計画を立てることはできない。

これからの社会はどのように変化していくか。職業環境はそれに伴ってどう変動していくかを分析する必要がある。

コラム

私の知っている人にお寺の住職をしながら幼稚園を経営している人がある。

この人は二〇歳の時、自力で全国に一〇か所の幼稚園を経営して幼児教育に尽くすことを人生目標として掲げた。そして五五歳でこの目標を達成している。その幼稚園はいずれも、現在では屈指の名門幼稚園となっている。

更にもう一人、沖縄の八重山郡竹富島にやはり住職をしている上勢頭享という有名な人がいた。

上勢頭さんは一六歳の時、島の伝統文化を後世に残すことを人生の目標とした。

沖縄は、明治の中頃まで、年貢を取り立てるための藩主による拷問制度が残っていた。彼は、一八歳の時、年貢の取り立てに関する記録を後世に残すために代官所に盗みに入った。拷問道具や明治以前の様々な民具・楽器・石器時代の鏃《やじり》を何千点と集め、私設博物館を建て保存公開している。

のみならず、島伝統の八〇におよぶ民謡、民踊を伝承し、中世の楽器を自ら演じ、草木染めの伝統工芸も伝承してきた。また、竹富島史を著し、史実を書き残した。

この人は無形文化財の指定されたそうであるが、私はこの人にお願いして竹富島の民俗舞踊を大阪で公演してもらった。この踊りは、国立劇場でも公演されたすばらしいものであった。

人それぞれに人生の生きがいともいうべき基本目標を持つ人は、一流の人になる人が多い。

人生30年アセスひとまず合格点

神大法学部　山村教授サヨナラ講義

「人生30年アセスメントはほぼ合格点」―。地方公務員や弁護士を経て1988年に神戸大学法学部の教授に転身した山村恒年さん（63）＝芦屋市翠ヶ丘＝が3日、3月末の定年退官を前に同大学で最終講義を行った。弁護士時代に環境保全対策で↗

↗　活躍した山村教授は、環境アセスメント（影響評価）からヒントを得た「人生アセス」と自ら呼ぶライフプランにのっとって行動する時間管理の〝達人〟としても知られており、この日の講義には、学生ら約100人が詰め掛けた。

山村教授は大阪市出身で「人と違ったことをする」のがモットー。建築家を目指して大阪市立大工学部の前身、都島工専建築学科を卒業後、布施市（現東大阪市）の技術職員となったが「建築ではトップレベルにはなれない」と路線を変更。大阪府職員として働きながら司法試験に合格し、三十六歳で弁護士を開業した。

教授には五十九歳で転身。ＮＧＯ

社会的な正義感持て

弁護士に戻り　環境問題さらに尽力

（非政府組織）の代表としてブラジルの「地球サミット」など国際会議に参加する一方、「弁護士になるまで回り道をした」との思いから、研究、語学、健康づくりに至る長期の人生計画を立てて、将来のために時間を合理的に使うことを実行中。外国語ラジオ講座を聴きながらの毎朝の体操は二十年以上続いているという。

最後の講義は「地球環境保護の政策と法理論」がテーマ。山村教授は、これまでの経験を語り、「地球環境問題は、国や国連ではなく、ＮＧＯなどの市民グループが主導していくべき。そのためには社会的な正義感や公正感を持つことが大切」と語り、「皆さんには自分で見聞し、考える人生を歩んでほしい」と結んだ。

講義後、学生から花束を贈られた山村教授は喜びに顔をほころばせながら「充実した大学生活でした。次の人生アセスをまた作らないといけませんね。弁護士の職に戻りますが、環境問題についてさらに活動を広げたい」とさらなる目標に思いをはせていた。

［神戸新聞一九九三年二月四日］

5　計画の実行をどうするか

書くことで創造力をつくる

私は、本業の方で裁判所に出す書類をたくさん書く。その上に、論文、記事等を年に７、８編は書く。

いずれも、自分で構想を立て、

「どのように書けば裁判官を説得できるか？」

「どのような新説を打ち出そうか？」

「どのような提言をどう構成しようか？」

といつも考えている。

こういうのは、すぐに発想が湧いてこない。論文などは半年、１年、時には３年も、構想をあたためることがある。そうすると、これらの問題について、脳は、いつも潜在的に働いているようである。

前に述べたように、歩いているときとか、階段を上っているとき、頭を洗っているときなど、脳が足や手を通じて刺激を与えられたときにアイディアがアワのように湧いてくる。そしてアワのように、たわいなく、どことなく消えさってしまう。すぐ消えてしまう。だから「メモ」が必要なのだ。

小説『大工一代』の平田雅也さんも、ノーベル賞学者の福井謙一博士も寝るときに、枕元にメモと鉛筆を置いておくそうだ。

考えている人は、アワのようにアイデアが浮かんで消える。非凡な人はそれをメモに書きとめる。それが大きな仕事の核になる。

私など、アワのように浮かんできたとき、こんな重要なこと忘れるはずがない、５分ほどしたらメモしよう、と思っていて、５分たつともう思い出せない。メモする確率は５割くらいだ。アワが積み重なって構想が固まり、原稿ができる。自分では大したアイディアでもないと思って書いてみると、大きな反響を呼ぶことがある。

このようにして「創造力」がつくられることが多い。だから創造力を養成しようと思うなら、独創的な内容の原稿を書くことを引き受けるのがよい。

自分に義務を設定するのである。そうすると考えざるを得ない。「ああでもない、こうでもない」と迷う。迷うところからアイディアが固まるようである。

このように書くことによって「創造力」のトレーニングができる。創造力によって伏線の人生を開いていくことができるようになる。

だから私は、最初の段階は「タダ」の原稿をどんどん引き受けて書くことに慣れることをすすめる。書くのが板につくのに、３年はかかる。３年も書くことになれると、書くことが苦痛でなくなる。

そして、次の段階は専門誌に載せる。

私は、このようにして、朝日新聞の「論壇」やその他の解説記事、読売新聞や東大新聞などに頼まれて多くの原稿を書いた。もちろん雑誌にも100編以上の論文を書いてきた。

本を読むときの集中力は弱い。目は字を追うが、頭はほかのことを考えているときが多い。眠くなってしまうことも多い。このようなとき、読むのを続けても無駄である。本を要約して書くことをすすめる。要約することにより、読むより数倍の集中力が働く。また、書くことにより、頭にインプットする力が働く。

勉強法の代替案を工夫する

勉強や研究方法にもいろいろある。それらを代案として、自分に最も適したものを選ぶことが必要である。例をあげると以下のような代替案が考えられる。

A　１冊の本を通読する。
B　説が異なる２冊の本を併読していく。
C　１冊の本を各節ごとに要約して書く。
D　Ｂの２冊を各節ごとに要約して書く。
E　各論から読み、その後で総論を読む。
F　Ａと判例を併読する。
G　興味のあるところから読む。
H　著書の体系を図化しながら分析していく。
I　行為論や要件論とは何かを考え解明していく
J　権利や法律効果とは何かを考え解明していく。
K　ＩＪを民法と刑法と比較し分析する。

L　ＩＪＫを訴訟法との関連で分析する。

M　Ｌを憲法も加えて関連性を分析する。

N　外国法を参照して分析する。

以上は１人で勉強する場合の代替案である。このほかに、２人以上でやる代替案もある。

１人でやるとあきてきたり、退屈する。特に本を読むだけの場合はそうである。この点、次の方法はこれらを防ぐ。

O　２人以上で問題点や学説の対立点について議論を定期的に続ける。

P　数人以上でテーマ別研究会をつくり、定期的に報告書を決めて報告し議論する。

Q　数人組で特定のテーマを決め、それについてのフィールドワーク（現地調査・ヒアリング）を行う。

R　10人以上のグループで講師を頼んでレクチャーを受け討論をする。例えば、勉強法として、基本書の通読、基本書と他の本との２冊併読、基本書のフローチャート化、数人での輪読会、基本判例との併読、基本書のサブノート化など色々の代替案がある。

これらを比較評価して、一番自分に合ったものを選択する。そして実行する。実行したがうまくいかない場合はもう一度他の代替案から選択する。

これはアセスメントとその見直し、修正という広い意味でのアセスメントシステムである。

私の司法試験受験時代からの経験からすると、基本書の通読は一番非効率であった。

その点、フローチャート化、サブノートをとること、レジュメ化など、書くことは効率がよい。その理由は、書くために読むときの集中力は通読のそれの５倍以上と成るからである。どのようにチャート化するか、どのように要約するかを考えながら読むからである。

数人での基本書についての議論は、考えていなかったことや、わからなかった点が明らかになることが多い。これが研究会のよい点である。現在でも私は月１回学者の方たちと研究会を行っているのはこのためである。

私が大阪府の職員となったとき、20人位の行政法研究会を結成して、月１回、大学の教授にレクチャーを頼み討論を続けた。それが私の行政法学者としての基礎をつくったといえる。それを数年続けると民事訴訟法の勉強の必要が生じた。それは、行政法学の行政行為論というのは、行政訴訟――行政処分の取消訴訟や無効確認訴訟――を前提として考えられていたからである。

取消しうべき行政処分と無効の行政処分、行政処分の存在は訴訟法上の概念でもあった。

訴訟法の勉強を始めると少し面白くなってきた。そこで司法試験の勉強をしてみる気になった。大阪府庁内で希望者をつのり数名で勉強会をやった。

その程度の勉強では合格できないと知り、府庁の裏にあった大阪法務局の事務職の受験希望者と合同の答案練習会をつくり、大学の教授や訟務検事を講師に頼み、講義や答案添削会を続けた。最終まで残ったメンバーの10人中８名まで合格するにいたった。

このようなグループ学習と討論、答案練習がいかに有効な勉強法かということがわかる。

代替案の評価と正義

いくつかの代替案を検討して比較評価して選択する際、コストや利益だけでなく、どれが正義に適しているかということも判断する必要がある。

現在までのやり方は最大多数の最大利益になる決定を選択してきた。それでは一部の少数者の利益が犠牲となる。それは正義に反するのではないかという疑問が生ずる。

地球政治でもこのことが問題となっている。アメリカの主導する世界自由貿易化は、競争力のない発展途上国をますます貧困にさせる。そのため世界のNGOが反対運動を行っている。

私は、地球温暖化問題を扱う国際環境NGOである「地球環境と大気汚染を考える全国市民会議（CASA)」の代表理事として、国連の会議に出席するようになった。そこで国際環境法について上に述べたような考え方でコミットするようになった。地球環境政治では「同様だが差のある責任」(Common and Differential Responsiblity）という途上国と先進国の責任を区別する正義論で評価が行われている。

代替案と憲法

憲法解釈で代替案が関係することがある。

それは、規制法律が憲法に違反するか否かの判断基準としての「LRAの

図５　代替案の発展図

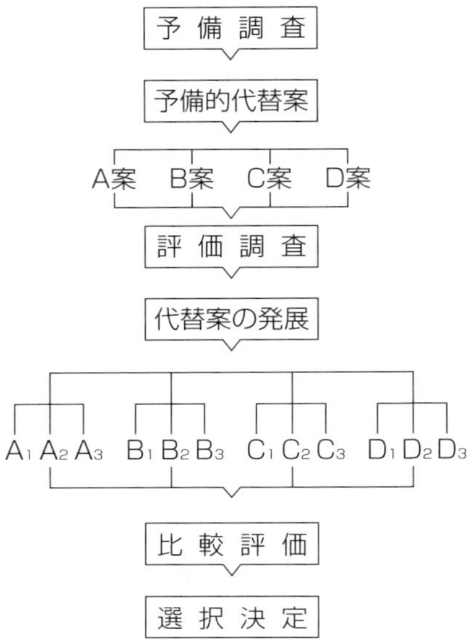

基準（less restrictive alternative)」の理論である。

それは、規制手段がその法律の目的を達成するため、規制の内容がより少ない手段（less restrictive alternative）のものがあったか否かを裁判所が審査し、そのような、より規制の程度が少ない代替案があるのに、それによらなかった場合は、その規制法律を憲法違反とする基準である。

例えば、青少年の環境をよくするため、有害図書の自販機を取り締まる代替案として、全面禁止、許可制、届出制等がある場合、届出制で目的が達成できる場合に全面禁止や許可制の法律や条例は憲法違反となる。

代替案と合理性

LRAの原則は、法律の目的と手段との間に合理性があることを要求したものである。同様に法律の手段としての目的（例えば公共事業のための土地収用）と手段の内容（事業の内容の公共性）の合理性についても問題となる。

これは、法律により行政に幅のある判断が委せられているとき「行政裁量」というが、最高裁判所の判例は、行政の裁量判断が著しく不合理だと違法となるという。そして、次の判例①のように行政が判断をするにあたって、代替案を比較検討し、熟慮したかどうかで合理性を判断する傾向も出ている。

このように代替案の検討と法的合理性とは関係がある。代替案はその良いところを組み合わせて発展させると、より合理的な案ができる。

商品開発では組合せの代替案が多く開発されている。携帯電話とメール、PCの端末、テレビ通信を組み合せるものはその一例である。

次に掲げる判例は、代替案の比較較量に関するものである。判例①・②は違法を認めたものであり、③は適法とされた事例である。

代替案についての判例①

合理的意思決定には代替案の検討が不可欠である。行政が公共事業の計画決定をするときにもこれはあてはまる。この点の判例をみよう。公共事業のため、土地を強制的に買収する手続を定めたものに土地収用法がある。同法は、強制収容する事業を認定する要件として、その計画が合理的であることと規定している。合理的であるためには幾つかの代替案の比較検討をしたかが争われる。

これに関し非常に有名な判例がある。日光太郎杉事件の東京高裁昭和48年７月13日判決（行集24巻６・７号533頁）である。

これは東京オリンピック開催のときに、日光への参拝外国人客の増加に対応する道路の拡張計画を建設大臣がたて、その事業認定をした。土地と杉並木を収用されることになる日光東照宮は、原告となって認定の取消訴訟を提起した。

高裁の判決は、下の表のＣ代替案は、Ａ案より31倍も高くつくが、歴史的杉並木を保全するためには高価とはいえず、Ａ案しかないとする理由にならないとし、他の方法を探究すべき考慮を尽くさなかったのは不合理な認定であるとして取り消した。このため、日光太郎杉並木の景観は今でも保存されている。

代替案の比較評価では、事業の公共的必要性と失われる利益とが比較考量される。失われる利益には、文化的、宗教的、歴史的価値も含まれる。ここでは、事業費と失われる利益とが較量された。

案	Cost 事業費	工 期	老杉伐採本数	景観への悪影響	物件の移転	観光目的
A 案 道路拡幅案	万 4,300	6ヶ月	太郎杉初め15本	本件土地付近変る (特別保護地区)	要しない	
B 案 御駐所案	万 37,000	2年 6ヶ月	若杉52本 太郎杉初め15本	本件土地付近 著しく変る	御駐所の解体、復元、 寄道碑、物産店3軒	そぐわ ない
C 案 トンネル案	万 135,100	3 年	なし	神橋の上流に 橋が架り害する	寺院・商店・ 住宅等49軒	そぐわ ない
D 案 星の宮案	万 22,000	2 年	なし	神橋右岸 害される	金谷ホテル内 の通路、機関室	そぐわ ない

代替案についての判例②

K工業高専の学生で、「エホバの証人」の信者である者が、体育の剣道の授業を信仰上の理由で参加できないので、レポート提出等の代替措置を認めてほしいとの申し入れをしたが、担当教員はこれを拒否し欠席扱いとした。そのため、原級留置処分と退学に処された。

そこで、その両処分の取消を認めた行政訴訟で、最高裁は次のように述べて両処分を違法とした（最判平成８年３月４日判時1564号３頁）。

信仰上の理由による剣道実技の履修拒否を、正当な理由のない履修拒否と区別することなく、代替措置が不可能というわけでもないのに、代替措置について何ら検討することもなく、体育科目を不認定とした担当教員らの評価を受けて、原級留置処分をし、さらに、不認定の主たる理由及び全体成績について勘案することなく、２年続けて原級留置となったため進級等規程及び退学内規に従って学則にいう「学力劣等で成業の見込みがないと認められる者」に当たるとし、退学処分をしたという上告人の措置は、考慮すべき事項を考慮しておらず、又は考慮された事実に対する評価が明白に合理性を欠き、その結果、社会観念上著しく妥当を欠く処分をしたものと評するほかはなく、本件各処分は、裁量権の範囲を超える違法なものといわざるを得ない。

代替案についての判例③

両親がキリスト教徒である子供の通学する公立学校の校長が、日曜日に授業参観を設定した。教徒である生徒は、日曜日に教会学校に出席するため、日曜の授業に欠席したため、公立学校長は同人を欠席扱いにした。その児童と両親は、校長の扱いを信教の自由を侵害するものとして都に慰謝料請求訴訟を起こした。そこで、代替措置について次のように判決がなされた（東京地判昭和61年３月20日行例集37巻３号347頁［代替措置の可能性と裁量の範囲］)。

本件授業の目的は、授業参観を実施するためのものであるところ、原告らは、右目的を達成するためには、他の日時を選択することも可能であり、この点で被告校長の裁量には違法があると主張する。

授業参観を日曜日の午後に実施することを原告らは代案として主張するが、およそ学校の授業が午前８時半から９時の間に開始されることは公知の事実であり、児童の心身の状態からみて一般的に午前に学習することが午後のそれに比べ優れているし、また生徒及び父母の一般的な日曜日の過ごし方から考えても、午後に授業参観が行われることは、自由な時間が午前中に入ることになって、正規の授業の効果が挙げられなくなり、教育の効率が阻害される可能性が強く、平日と同様な授業を参観させようとする本件授業実施の目的にそわない結果となる恐れが多分にある。また、午前中に授業を参観して、午後を父母と教師、校長との懇談や説明の場に当てるという授業参観の通例に鑑みても、平常どおり午前中に授業参観を行うことは強い合理性があると認められる。

最後に国民の休日に実施することについて検討するに、公教育の立場からいうとその意義にそうものでない限り（例えば体育の日に運動会を実施するように)、国民の祝日をあえて授業日とすることは妥当性の点で疑問を生じる余地があるとは否めない。しかも、新学年が開始して児童の学校生活もほぼ安定したといえる６月に授業参観日を設定することは、授業参観の目的に照らして適切と考えられるところ、同月には国民の祝日は存在しないから、本件授業の日を６月13日としたことになんら裁量権の逸脱はないものと言うべきである。

代替案を目標に照して評価する

人生アセスメントは、目標管理である。人生の方策を選ぶ場合には、その目標に沿っているかどうかを照して選ぶことになる。目標といっても、基本目標から始まって、課題目標、達成目標と体系的に多くある。下位目標は、上位目標に適合していなければならないから、これらすべての目標に適合するかということを考えねばならない。

私の場合は、「人のやらないこと、人のできないことをやる」という目標をもっている。したがって、ビジネスでも、社会活動でも、旅行でさえも、この目標に沿って選択している。

例えば、原稿の依頼や講演の依頼でも、複数の依頼があった場合、人のあまりやらない方を選ぶ。人がやっているテーマであっても、一般のやり方とは異なった、すなわち誰もやらない方法でやってみることにしている。勉強方法も人のやらない方法でやるのがよい。

ステップ式読書法で興味を深めよ

発想法を調べるといっても、専門外の経済や心理学、経営学、社会学、統計学の本を読みこなすというのは大変である。

１人の学者の説を研究するために一生を費やすという学者さえいる。そこで、私はこういう方法をとっている。例えば、「意思決定」という問題について、バーナードが最初に研究成果を挙げたらしいということがわかると、それを調べたいと思えば、バーナードの著書を直ちに読むのではなく、新書版の『経営学説入門』のバーナードの紹介のところを読んで、どういう人で、どういうことを唱えた学者かを頭に入れる。

次いで、同じ新書の古典入門のバーナードの『経営者の役割』の案内書を読む。そしてアウトラインを理解したうえで、いよいよ原著の翻訳本を読む。

更にわからないところにあたると、その原著のその部分だけを原文で読む。更に彼の説を体系化したＨ・Ａ・サイモンの意思決定論を、これと同じような方法で読む。全部読む時間がないときは、関係のあるところとか、関心のあるところだけを読む。そのうち、興味が出てきて、ほかの部分も読みたくなる。そのときはそこを読む。

昔、映画館へ映画を見にいったとき、見たい映画がちょうど真ん中あたりを上映していたことがたびたびあった。そのときでも途中から見た。終わるとまた見たところまで見る。それで結構面白かった。本でも同様である。そういう読み方もある。

私は頭が悪いせいか、専門書など、一度読んで感心しても、細かい点はほとんど忘れてしまう。そこで重要なところは、メモかサブノートを作ることにしている。

それは、カードに記入することもあるし、２、３枚の用紙に、体系的に要約することもある。カードは、分類したり、抜き出したりするのには便利だが、全体を一見することができない。サブノートは一見して大要を知ることができる。

このようにしておくと、あとで論文や本を書くときにいちいち本を引き出さずに済んで便利である。

一つの本だけ読むと理解が平面的になる。同じテーマについて違う見解の本を数冊読むと理解が立体的になる。といって、数冊全部を読む時間とエネルギーがない。そこで、ある本に、他の説とか、ユニークな別の人の発想が引用されているときは、すかさずその本のその部分だけを読む。

このように、問題点ごとに何冊かの本のその点に関するところだけを読むのは理解を早める。

最近では、新書版で有名な人の本の要約や発想法を紹介したものが出ているので、それを利用することで時間と費用が省ける。

新しい発想法を検討せよ

新しいアイディアを考えついたり、理論を打ち立てるには、新しい発想法がいる。既成のものの考え方では、なかなか良い考え方は出てこない。そこで、いろいろな発想法が開発されている。

私は自分の専門分野のことについて考える場合、他の専門分野の発想法が使えないかと検討している。これが使えるのである。

私自身が作った言葉で、今使っているものに「行政心理学」とか「意思決定行政法」、「自己実現行政法」とか「愛の環境法」とかいうのがある。

これは、人に分かりやすくするための表現用語である。「行政心理学」というのは、お役所心理を組織心理学や行動科学を応用して、体系化する。「意思決定行政法」や「自己実現行政法」も、行政学や経営学、心理学の発想を行政法に使うものだ。「愛の環境法」も、環境を守る基本理念を世代間の愛に求めたものである。「人生アセスメント」も実は、このような種々の学問的発想法をミックスし、体験と調査によって実証したものにほかならない。

私はこれを契機として、単なる人生の「ノウハウ」を説くのではなくて、人間成長学（ヒューマン・ディベロップメント）まで高めてみたいと思っている。それを更に、行政法とか行政学、環境法、土地法に応用してみたいという構想を立てている。

われわれの先人は、あらゆる分野でいろいろな発想を発展させてきた。そのうちの発想方法を中心に摂取して、これを応用することが重要なのである。

どうしたら実行できるか

ここまで読み終えて、読者の多くの人は、「なるほど、なるほど、お前の言うことはよくわかる。筋も通っている。お説のとおりだ。しかし、お前だからできるので私にはとうてい無理で実行できない」という人が多いのではなかろうか。

確かに人間は弱いものだ。苦しいことや忍耐を要することは長く続かない。でも、１人では続けられないが、気の合った仲間数人なら励まし合って続けられるものだ。語学の１人学習は続かないが、語学教室に通えば続くことが多いのも仲間がいるからだ。

「あいつが続けられるのに、私が続けられないことはないはずだ……」。

このような刺激があってこそ、続けられることになる。

本書で述べたことも、読者はおそらく１人では実行困難だと思う。有志を募り、毎月１回夕方に喫茶店などに集まり、各自の「人生計画表」や実行成果を見せ合ったりしてやり方を話し合うことは有益だと思う。どうしても仲間を募れず、１人でやらざるを得ないという人はどうすればよいか。

この本は１回読んだだけではすぐ忘れてしまう。また読んだ当座はやる気が出ても１週間も経つとその気がなくなっている。

そこで毎月１回この本を読み直すことだ。自分にできそうなこと、必要だと思うところは赤線を引く。できれば、この本の重要なところを自分で要約する。実行できた箇所はは赤丸で印をする。

その赤丸が１月ごと１年ごとでもふえていけば成功だ。

それが「非凡への挑戦」につながることになる。慣れれば何でもないことだが、それまでは、文字どおり「挑み戦う」ことが必要なのだ。

6　六法を横断的に考える

── 法律行為の成立要件と効力要件を例として ──

六法の中核をなしているのは法律的行為である。それには、次のようなものがある。

民　法　法律行為　身分行為　不法行為　　民　訴　訴訟行為
商　法　商行為　　手形行為　　　　　　　刑　訴　訴訟行為
刑　法　犯罪行為

六法以外でも法律的行為が論じられる。

労働法　不当労働行為　　行政法　行政行為

それでは、なぜ六法ではこのような行為が論じられるか考えてみるがよい。

これらの法律行為が有効に成立すると法律効果が発生する（表１参照）。

表１　法律行為の成立と法律効果

	法律	法律要件（行為）	法律効果
適法行為	民　法	法律行為 身分行為	物権、債権・債務 社員権 身分権・債務
	商　法	商行為	商事債権・債務 社員権、株主権
		手形・小切手行為	手形小切手債権・債務
	労働法	労働契約	労働債権・債務
	訴訟法	訴訟行為（申立・主張・立証）	訴訟上の権利・義務
	行政法	行政行為	行政上の権利・自由・義務
違法行為	民　法	不法行為	損害賠償請求権・義務
	刑　法	犯罪行為	刑罰権
	行政法	違法な行政作用 違法な行政処分	損害賠償請求権・義務 取消されるか無効
	労働法	不当労働行為	救済権

法律効果とは何か

これにはどのようなものがあるか考えてみるがよい。案外わかっているようでわかっていないものである。

これらを法律学では次のように説明する。

① 法律行為 → 法律要件の一種 → ex. 売買契約

② 法律行為該当事実の成立 → ex. 契約の成立

③ 法律効果の発生 → 所有権の移転と代金支払債権の発生

法律判断の三段論法とは次のことをいう。

① 民法の規定（法律要件）

② ①の該当事実の存在

③ 権利・義務の発生の確認（法律効果）

上の①の法律要件が法律行為の場合には、さらに次のように分けられる。

- 法律行為
  - 成立要件
    - 一般的成立要件
    - 特別成立要件
  - 効力(阻害)要件
    - 一般的効力要件
    - 特別効力要件

このような要件は、契約の場合であれば、それが有効な契約として、相手方や裁判所にも「通用」するための要件である。

例えば、１万円札で考えてみよう。ⓐ１万円札に印刷ミスがあって、記号と番号が抜けていたとする。この１万円札は通用するか。ⓑ１万円札の形態はすべて備えているが、その半分が薄く焦げてしまった場合は通用するか。ⓒ１万円札の角が１センチ角破れた場合は通用するか。

１万円札として通用する要件があるものと考えられる。それは日本銀行内にあるであろう。

通用するか否か不明の場合は、日銀で判定してもらうことになる。

契約が「成立したか」、「有効か」、について争いがあるときは、裁判所で判決してもらうことになる。

裁判所が①②③の三段論法で、その有効性を判断することになる。

その結果、契約が有効に成立したと認められれば、所有権の移転と代金の支払債務の法律効果が確定する。

これを「要件＝効果論」という。しかし、法律要件は法律行為以外にも多くある。しかし、市場経済社会＝私的自治＝契約自由の原則の意思主義社会では法律行為が法律要件の主要部分を占めることになる。

契約が成立したかどうかは、申込と承諾が合致したか否かによって判断される。しかし微妙な場合がある。それを次の判例Ⅰによって見てみよう。

通常、契約は土地などについては、１か月位交渉してなされることが多い。次の事件は、その過程で仮契約書が作られた段階では、まだ契約が成立していないとした事例である。

判例Ⅰ　東京地判昭和57年２月17日（判時1049号55頁）

売買契約は、当事者双方が売買を成立させようとする最終的かつ確定的な意思表示をし、これが合致することによって成立するものであり、代金額がいかに高額なものであったとしても、右意思表示について方式等の制限は何ら存しないものである反面、交渉の過程において、双方がそれまでに合致した事項を書面に記載して調印したとしても、さらに交渉の継続が予定され、最終的な意思表示が留保されている場合には、いまだ売買契約は成立していないことは言うまでもないところであって、これを本件について以上認定の事実及び当事者間に争いのない事実に基づいて考察すると、本件仮契約書は、不動産売買仮契約書と題するものであり、その前文では、本件仮契約書が正式契約でないことを示す趣旨の記載があり、第２条では更に具体的細部事項を定めて正式契約を締結するものと明確に規定して、右仮契約書の記載上も、後日正式契約を締結すること及びその締結に向けて、正式契約に盛り込むべき具体的細部事項について交渉を継続することを予定しており、実際にも、右規定の趣旨に基づいて、具体的細部事項についての交渉を継続して同年６月28日に正式契約を締結し、その際買主側から手付金として5200万円を支払うという今後のスケジュールが予定されていたのであるから、本件仮契約書の第２条にいう正式契約の締結が既になされた売買契約の確認というような単なる形式的なものであるとは認め難く、かえって、本件仮契約書は、後日正式契約を締結し、正式契約書を作成することにより売買契約を成立させるという当事者の意思を明確に示したものというべきである。してみると昭和46年６月15日に、旧原告らと被告らとの間で、売買契約の成立に必要な最終的かつ確定的な意思表示がなされ、本件売買契約成立したものと認めることはできず、同日は、売買代金及び目的物について合意に達したので、これら売買契約の基本的条件を書面化して確認するとともに、さらに交渉を継続して、売買契約に盛り込むべき具体的細部事項を定め、本件仮契約書の各条項を基本的な内容とする売買契約を締結することを定めた契約（以下、この意味で「本件仮契約」という。）が、旧原告らと被告T興業との間で締結されたにすぎないことが認められる。

原告らは、売買契約の要素である目的物、代金額及びその支払方法、時期等のいずれの点についても、旧原告らと被告らとの間に合意が成立している以上、売買契約として有効に成立した旨主張し、前記のように目的物及び代金額ついては、本件仮契約書に明確に記載され、売買代金の支払方法及び時期についても、おおむね合意に達していることは原告ら主張のとおりであるけれども、本件では当事者が後日正式な売買契約を締結する意思であったことは前記説示のとおりであり、右原告らの主張の事実が真実であるとしても、いまだ本件売買契約が成立したものとは認められず、原告らの主張は採用できない。

したがって、本件売買契約が成立したことを前提とする原告らの請求は、その余の点を判断するまでもなく理由がない。

土地建物の売買の合意はあったが代金について意思の合致がなかった場合に契約の成立を認めたものとして次の判例Ⅱがある（建物をその敷地の借地権とともに売買する旨の合意が成立したが、具体的金額の合意がない場合、その代金額を時価によって決定した事例）。

判例Ⅱ　東京高判昭和58年6月30日（判時1083号88頁）

その具体的金額について当事者間で意思の合致をみるに至らなかった場合でも、最終的には裁判において、右契約時点における客観的な時価を認定し、それを前提として権利関係の決着をつけることができるのであるから、そこまでの合意がないからといって、時価によるとの合意を否定することはできない。その結果として具体化した金額が契約当事者の予測した額と著しく異なるときは、あるいは錯誤の問題が起こりうるが、本件においては、後記認定額が売主側の契約時点における予測額を著しく下回るものとは証拠上認められないから、買主側である被控訴人から錯誤の主張がない以上、控訴人らにおいて、この点を理由に契約の効力を云々しうべきかぎりでない。

通謀虚偽表示の無効を第三者に対抗できない（相対的無効）の事例として次の判例Ⅲがある（融資を受けるため売買を仮装してその所有不動産を他人名義にした場合、善意無過失の第三者に対し、右売買の無効を主張できないとした事例）。これは、次に図示するような関係となる。

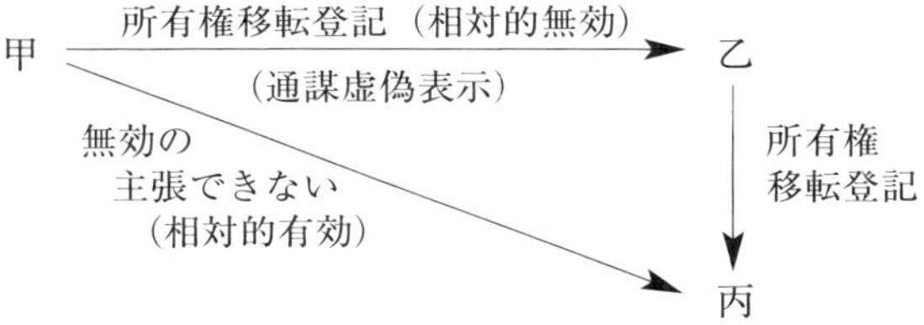

判例Ⅲ　最判昭和45年6月2日（最民24巻6号465頁）

ところで、甲が、融資を受けるため、乙と通謀して、甲所有の不動産について甲乙間に売買がされていないのにかかわらず、売買を仮装して甲から乙に所有権移転登記手続をした場合、その登記権利者である乙がさらに丙に対し融資のあっせん方を依頼して右不動産の登記手続に必要な登記済証、委任状、印鑑証明書等を預け、これらの書類により丙が乙から丙への所有権移転登記を経由したときは、甲は、丙の所有権取得登記の無効をもって善意無過失の第三者に対抗できないと解すべきであり、このような場合、乙に対し所有権移転登記の外観を仮装した甲は、乙から右登記名義を取り戻さないかぎり、さらに乙の意思に基づいて登記済証、登記委任状、印鑑証明書等が丙に交付され、これらの書類により丙のため経由された所有権取得登記を信頼した善意無過失の第三者に対して責に任ずべきものといわなければならない。それは民法94条2項、同法110条の法意に照らし、外観尊重および取引保護の要請に応ずるゆえんだからで

ある（最高裁判所昭和41年（オ）第238号、同43年10月17日第一小法廷判決、民集22巻10号2188頁参照）。

訴訟行為と法律効果

訴訟行為については、訴訟法上の法律効果を生ずる行為をいうとする説と効果だけでなく、行為要件も訴訟法によって規定される行為だけをいうとする説がある。それらを分類すると次のようである。

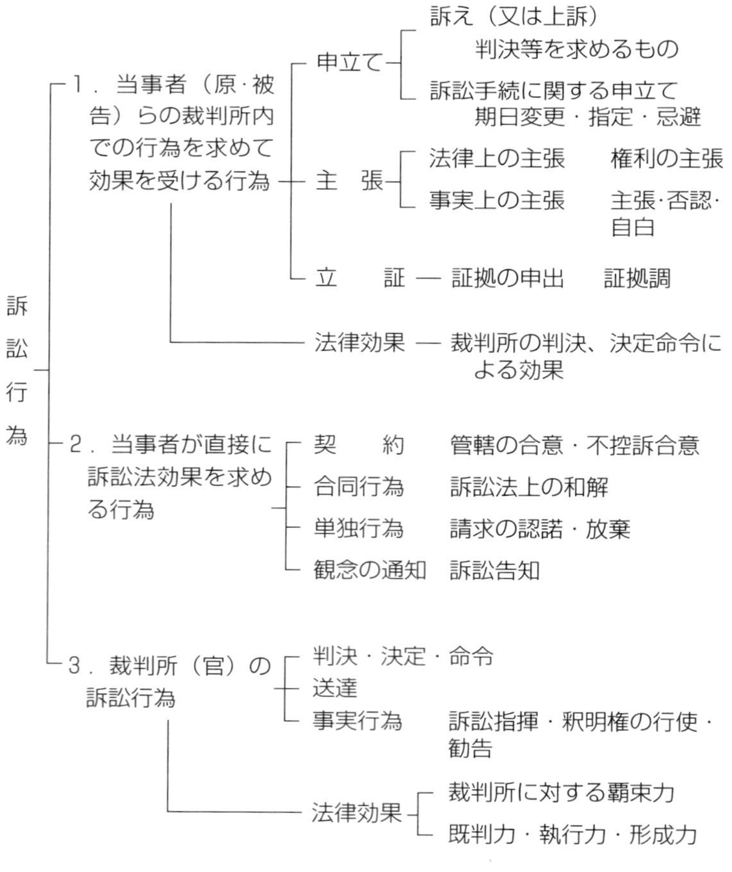

7　法のしくみをアセスメントする

意思表示とは何か

先に出てきた六法の中の各種の行為中、不法行為を除いたものは「意思表示」を要素としている。

では意思表示とは何であろうか。

真剣に考える必要がある。リーガルマインドの出発点だからである。法律の学びはじめ、これを意志表示と誤って書く学生が多い。私もそうだった。

「意志」と「意思」ではどう違うのだろうか。どの教科書を見ても書いていない。辞書を引くと「意志」は、「どうしても、これをしよう、またはしまいという積極的な心ぐみ」と書いてある。「意思」は、「しようとする考え」、「法律語では意思を使う」と書いてある。

法律用語の意思には、「黙示の意思表示」というのが含まれる。いわゆる黙認がその一つである。これは消極的意思表示である。それは、黙認していれば、承諾したことと同じ法律効果が発生することを知りつつ何もしない意思表示である。

即ち、「意思」の「思」は、積極的・消極的に、法律効果の発生を「思って」するので、「意思」と書くというのが私の説明である。意思表示は、法律効果発生の要件の一種だからである。そのように説明すると学生は納得する。

元々、このようなしくみになっているのは、民法が意思主義を基礎としているからである。それでは、なぜ意思主義をとるのか。

憲法29条は、財産権を保障し、私的な商品交換社会の資本主義としての自由経済主義を前提としている。

民法は、これに基づいて、個人や法人の自由な意思による市場取引を保護している。

この自由な意思を尊重し、国家がその実現に協力するというのが意思主義である。すなわち、意思によって、法律効果が発生した場合、権利義務の変動が生じた場合、その実現に協力するのである。相手方が応じない場合は、訴訟の判決でこれを強制的に実現できることを保障している。

民事訴訟法では、一般的にこの法律効果、即ち、権利義務の存否にあたるものを「訴訟物」と呼んでいる。これを裁判所が審理の対象とする。

ただ、法律効果は、意思表示以外の事実によっても発生することがある。時の経過である時効や不法行為などがこれにあたる。これも法律要件である。犯罪行為も意思表示ではないが法律構成要件である。

商行為、手形行為、行政行為の多くも意思表示から構成されている。それらも法律効果の発生を「思って」なされる。

例外として、行政処分の取消訴訟や株主総会決議取消訴訟のように意思表示そのものの取消を審理の対象とすることが認められている。これは紛争の原因となる意思表示を審理の対象とすることによって根本的解決を図るためである。

「対抗」とは何か

対抗できないとは、法律効果を主張する相手方の範囲が制限されることである。「善意の第三者に対抗できない」というのは、その法律効果の有効・無効が善意の第三者との関係では相対的に無効であること、即ち主張できないことである。

「失効」というのは、委任契約のように、委任者または受任者が死亡したことにより終了する（民法653条）ような場合で、それまでは法律効果が継続している場合である。

しかし、委任の終了は、相手方に一方が死亡したという事実を通知しないと相手方に対抗できない（民法655条）。

この場合、相手方との関係では、相対的に有効ということになる。通知すると無効を主張できるというのは不確定無効と表現することもできる。

意思表示（法律行為）の有効と無効の狭間

意思表示が有効であれば法律所定の法律効果を生じる。即ち、権利や義務を相手方に主張できる。無効であれば法律効果は発生せず、主張できない。

しかし、民法は、有効と無効との間に様々な相対的有効と無効を規定している。それは、表意者や取引の相手方や善意の第三者の保護のためである。

それを分類すると、図６のとおりである。

図6　意思表示の有効と無効

- 意思表示
  - 有効
    - 絶対的有効
    - 不確定有効（取り消しうる意思表示）
      - 絶対的取消－制限能力者の行為（4・9・12・16）
      - 相対的取消
        - 詐欺強迫（96）
        - 債権者取消（424）
        - 契約の申込（524）
        - 懸賞広告（530）
    - 相対的有効 ── 対抗できない
      - 動産物権譲渡（178）
      - 不動産物権の得喪または変更（177）
      - 抵当権の処分（376）
      - 債権譲渡（466～469）
    - 事後的有効
      - 無効行為の追認－追認有効
        - 追認（122）
        - 法定追認（19・125）
      - 予約の完結（556）
  - 無効
    - 事後的無効（失効）
      - 代理権授与（111）
      - 予約の失効（556）
      - 消費貸借の予約と破産（589）
      - 委任･受任者の死亡･破産（653）
    - 絶対的無効
      - （90・119）
      - （95）　軽過失・無過失の錯誤
    - 相対的無効
      - 善意の第三者に対抗できない
      - 通謀虚偽表示（94）
      - 心裡留保（93）
      - 主張できない重過失の錯誤（95）

（　）内は民法の条文

有効な意思表示

これには絶対的に誰に対しても有効な意思表示と取り消されるまで有効な不確定有効（または無効）、相対的無効（第三者との関係のみ無効、すなわち対抗できない）とがある。

不確定有効には、誰に対してでも取消の効果を主張できる「絶対的取消」と善意の第三者に対しては取消の効果を主張できない「相対的取消」とがある。また、追認のように無効な行為が「事後的に有効」となる場合がある。

意思表示の無効についても「絶対的無効」と第三者または特定の人に対抗できない「相対的無効」がある。有効な意思表示が「事後的に無効」となる「失効」もある。

日本の民法では、瑕疵《かし》ある意思表示を無効と取消に分けたため、わかりにくくなっている。ドイツの民法の用語でこれに対応するのは、無効と不確定無効である。不確定というのは、取消すかどうかは、取消権者の意向にかかっているからである。

基本パターン――法律要件と法律効果

民法の条文の最も典型的な構造は次のとおりである。

民法555条　売買

① 売主Aが、財産Xを買主Bに対し（当事者）、

② 移転することを約束し（意思表示）、

③ Bが承諾する（意思表示）と

④ 所有権移転の法律効果発生

これを公式化すると

法律要件　　法律効果

①＋②＋③＝X移転

マイナスの法律要件としての無効

これに対して、マイナスの法律要件となるものに、次の民法総則の無効がある。

④ 公序良俗違反（90条）

⑤ 通謀虚偽表示（94条）

⑥ 錯誤（95条）

これらは効力阻害要件と呼び、これにあたると法律行為が成立しても法律効果が発生しない。式にすると

$$①+②+③\left\{\begin{array}{c}-④\\-⑤\\-⑥\end{array}\right\}=0\ \text{（法律効果不発生）}$$

④⑤⑥がないことが効力（有効）要件となる。訴訟上で④⑤⑥を主張することを「抗弁」呼ぶ。

取消の意思表示

法律効果を０にするものとして、取消の意思表示がある。前の例でいうと、売主Ａの売る約束、または買主の承諾を取り消す意思表示である。売るとか買うとかの意思表示が詐欺強迫でなされると取り消すことができる（民法96条）。

取消の意思表示を④とし、式にすると

①＋②＋③－④＝０

取り消したと訴訟で主張することも抗弁である。

法律要件事実の種類

法律効果の発生に関係する要件事実の種類としては、図７のようなものがある。

法律要件と意思表示

法律要件の中核となるのは法律行為である。それは意思表示を要素とする。これは民法が意思主義を基調としているためである。

意思主義は表意者の意思を保護しようとする。人の意思は内部的に形成され、外部に表示されて意思表示となる。

その形成過程を社会学的に分析してみよう。

　人の意思の根源は人間の欲望である。

　それを充たそうとするのが動機である。

例えば、食欲を充たすために、何かを食べたいとなる。これが動機である。次いで食べる物を選択する。選択された物を買うことを決める。それは売買という法律効果を得ようと思う意思なので、民法学では「効果意思」と呼ぶ。

図7 法律要件事実の種類

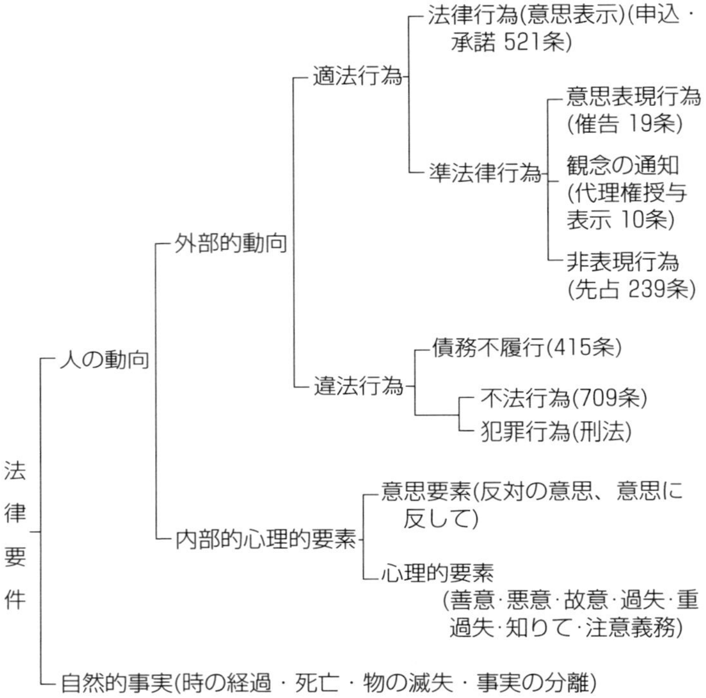

＊出典　山本＝伊藤「民法講義ノート⑴総則」141頁。

図8 意思表示から法律効果の発生まで

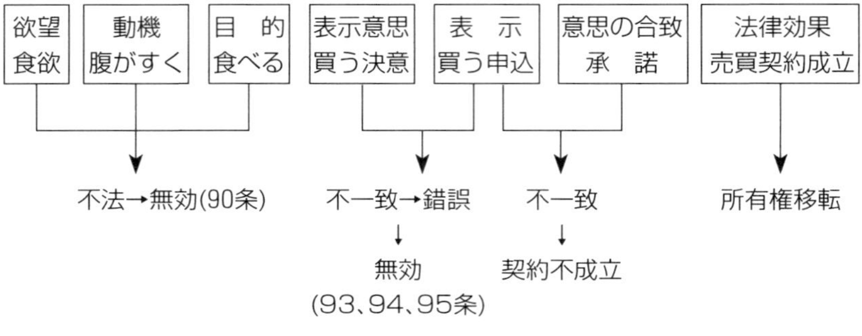

そして、買うという意思表示を売主に表示しようと思う。これを「表示意思」という。そして買う意思表示をする。これを表示行為という。

以上を図示すると、図８のようになる。

法律要件としての心理的要素

民法だけでなく、商法、手形・小切手法、会社更生法、破産法にも心理的要素が規定されている。刑法でもある。

民法上の規定を列挙する。

意思要素

反対の意思　　466条２項、474条１項、505条２項

意思に反して　462条２項、474条２項、514条

これらは相手方の意思の保護のためである。

善意　32条１項、54条、94条２項、96条３項、112条
186条１項、189・190・191・192条
466条、505条２項、564条、854条

悪意　189条、190条、191条、196条、564条、698条、
748条、770条、868条１項、814条１項、825条

故意　130条、709条、713条、1024条

過失　418条、709条、711条２項

重過失　95条、470条、698条

知りて、知らないで
98条、101条２項、113条、117条２項、119条
480条、590条２項、661条、675条、699条、
724条

知ること得べかりしとき　93条、100条

知ること能わず　79条の２第１項

知らざるにつき　97条の２第２項

相当の注意　715条、718条

注意義務　298条、400条、644条、658条、
717条

以上の要素は、表意者の心理状態を基準として、当事者間の公平・平等を図ろうとしているのである。

過失の心理的構造

過失責任というのは不注意に基づく責任である。それは故意と並んで、過失あるものを非難するものである。その心理的構造を分析すると次のとおりである。

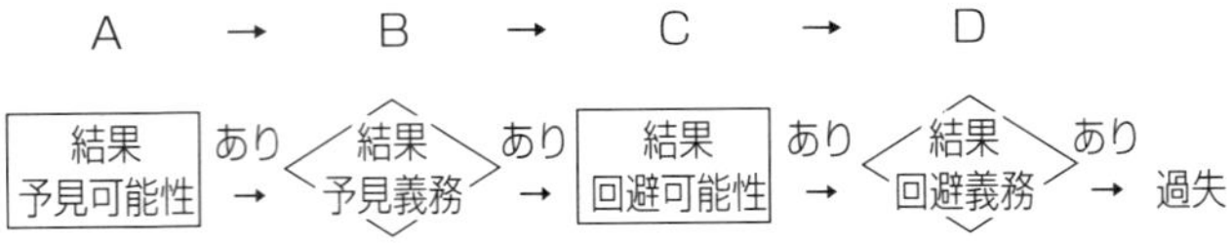

結果予見義務 ― 通常考えられる危険を予見して、それに対する十分な対策をとること

結果回避義務 ― 事故が発生することを予見したとき、その危険を回避すること

上記のA、B、C、Dがないときは、非難することができないので、過失がないこととなる

法律効果の実現

法律効果とは権利の発生・変更・消滅をいうとされている。しかし、相手方がそれを認めないときは、裁判で実現することになる。

例えば、売買契約で代金も支払ったのに売主が土地を引き渡してくれないときは、所有権移転の効果に基づいて、土地を引き渡せと主張して裁判することになる。

所有者に基づく法律効果の実現の形態としては次のようなものがある。

土地の引渡請求

土地の明渡請求

土地上の他人の建物の収去請求

これらは、物権的請求権といわれる。

しかし、売買契約に基づく所有権移転登記請求権は債権となり、10年の消滅時効にかかる。すなわち、売買契約では、物権的法律効果と債権的法律効果の両方が発生するのである。

法律要件と法律効果の訴訟での表現 —— 実体法と訴訟法

民法、商法、刑法などは実体法で、民事訴訟法、刑事訴訟法は訴訟法である。そのほかに行政事件訴訟法がある。

実体法における法律要件や法律効果は、訴訟法上では別の名で表現されることがある。しかし、両者は次のように関連性がある。

ⅰ　**訴状での表現**　　裁判所に訴え提起をするときに出す訴状に記載しなければならない事柄と法律要件と法律効果の関連は次のとおりである。

①　請求の趣旨　→　法律効果の主張
　　例　所有権の確認、引渡請求
　　　　損害賠償の請求
②　請求の原因　→　法律要件該当の事実
　　例　売買契約成立の要件事実
③　証　拠　　→　法律要件に該当する事実を証明する証拠
　　例　売買契約書等

ⅱ　**答弁書による被告の主張**

①　要件事実の全部又は一部にあたる事実が存在しない　→「否認」
②　要件事実にあたる事実があるとしても効力阻害要件（錯誤、心裡留保、詐欺による取消等）にある事実があり、無効で法律効果が発生していない　→「抗弁」

ⅲ　**判決での表現**

主文　法律効果の存否
　例　土地を引渡せ（所有権移転に基づく）
　　　○○万円を支払え（損害賠償請求権による）
理由　法律要件に該当する事実があったことが認められる（契約の成立）
　被告主張の効力阻害要件事実があったことは認められない（抗弁の排斥）。

図にすると次のとおりである。

［民　法］	法律要件		法律効果
	①＋②＋③	＝	X
［訴　状］	請求原因		請求の趣旨
［判　決］	判決理由		判決主文
［訴訟での主張］	X－④（効力阻害要件）→ 抗弁（被告の主張）		

具体事件への法律要件の適用

ある具体的事件が起きて紛争が生じた場合、権利・義務を主張できるかを判断する場合、法律要件に当てはまるか検討する。この場合、１つの事件について、２つの条文の法律要件に当てはまることを「法条競合」と言う。そして、そのような場合はどちらの条文によってでも主張できる。また、両方の条文によってでも主張できる。これを「請求権の競合」と呼んでいる。

次のような事例がある。

私立学校のプール授業で頭を打ち死亡例（私学）

①　使用者である学校設置法人の責任

イ　教員の監督責任　→民法715条

ロ　プールの設置の瑕疵　→民法717条

ハ　学校契約の債務不履行　→民法415条

②　担当教員の監督責任　→民法709条

上の①イロハ、②の法律要件に該当する場合は、上の民法の４つの条文を根拠にして請求できる。

ただ、①のイロ、②の責任は知った時から３年の消滅時効であるのに対し、①のハの責任は10年で消滅時効にかかる点で異なる。

私は、これを説明するとき、損害賠償請求のチャンネルが４つあり、同時に４つのチャンネルでも請求できると述べている。

これを私立学校における関係者の事故責任についてどのようなものがあるかを図にすると図９のようになる。

図9　私立学校における関係者の事故責任

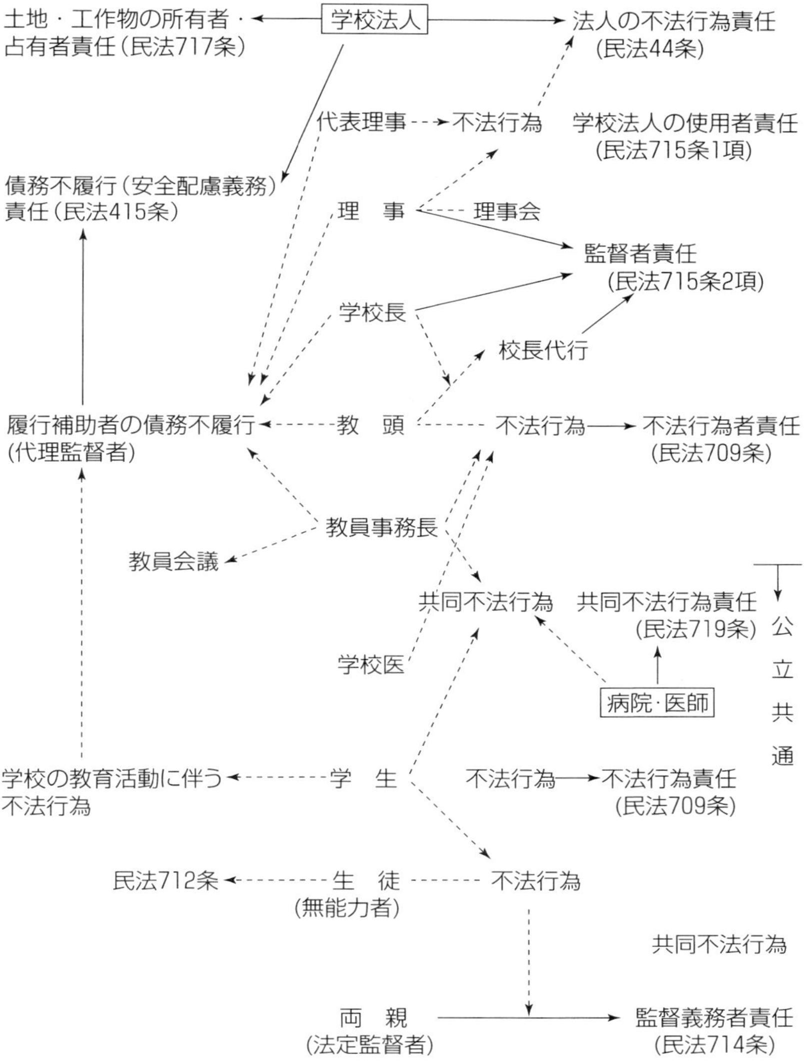
土地・工作物の所有者・占有者責任（民法717条）
学校法人
法人の不法行為責任（民法44条）
代表理事
不法行為
学校法人の使用者責任（民法715条1項）
債務不履行（安全配慮義務）責任（民法415条）
理　事
理事会
監督者責任（民法715条2項）
学校長
校長代行
履行補助者の債務不履行（代理監督者）
教　頭
不法行為
不法行為者責任（民法709条）
教員事務長
教員会議
共同不法行為
共同不法行為責任（民法719条）
公立共通
学校医
病院·医師
学校の教育活動に伴う不法行為
学　生
不法行為
不法行為責任（民法709条）
民法712条
生　徒（無能力者）
不法行為
共同不法行為
両　親（法定監督者）
監督義務者責任（民法714条）

特別法と一般法との関係の場合

法の原則では、「特別法は一般法に優先する」とされている。これは、特別法は一般法の特則だからである。具体例をあげよう。

公立学校のプール事件の場合

① 学校設置者が市町村である場合（小、中、高校）
　イ 教員の監督責任 →国家賠償法１条
　ロ プールの設置の瑕疵 →国家賠償法２条
　ハ 学校の安全配慮責任 →判例法
② 担当教員の過失責任 →なし・国家賠償法１条２項

この場合、国家賠償法は民法の特別法とされるので、民法709条、715条、717条は適用されない。①ハの責任は、判例が民法上の責任としてではなく、特別の条理法上の責任として認めている。②の教員個人の責任が認められないのは、認められると公務の円滑な執行に支障を生じるからとされている。ただ、重過失の場合、市町村はその教員に求償できる。

国家賠償法第１条と民法第715条の適用の違いは次のとおりである。

	国家賠償法	民法第715条
使用者の免責	いかなる場合でも絶対的責任を負う。	被用者を選任･監督する場合に十分な注意を尽くしていれば免責。
代理監督者の責任	この責任を認める必要はない。	代理監督者(教員等)にも、賠償責任を課している。
使用者の求償権	公務員の故意又は重大な過失があったときのみ求償できる。	被用者に軽過失しかなくても、使用者は求償権を行使できる。
損害賠償請求の相手	公共団体に対してだけで、公務員個人に対して請求できない。	被用者と使用者の双方に請求できる。

以上のほか、学校事故の法的責任の体系は図10のとおりとなる。

図10　学校事故の法的責任

1．どのような責任があるか

学校行事に関する法的責任を分類すると次のようになる。

- 行政責任……学校教育法、地方公務員法………懲戒処分
- 民事責任……憲法17条、国家賠償法、民法……賠償責任
- 刑事責任……刑法

2．誰が責任を負うか

学校事故に関して責任を負う者を分類すると次のようになる。

- 行政責任—担当職員、監督責任者
- 民事責任
  - 国家賠償責任（1，2条）
    - 職務の行使に関する過失の場合…学校設置者
    - 施設の設置の瑕疵…学校設置者
    - 重過失の場合………担当教員
    - （以上、国・公立）
  - 民事責任
    - 不法行為の場合……加害生徒
      （故意、過失）……加害教員
      （709条）…………監督者
    - 債務不履行…………学校設置者
    - （以上、私立）
    - 安全配慮義務違反…履行補助者（校長、教師）（415条）　国·公 私立
    - 施設設備の瑕疵（土地工作物又は公の営造物の設置管理の不備）
      私立　民法717条
  - 住民訴訟責任　公立のみ
- 刑事責任　担当教員、監督責任者、加害生徒

8　二次元的に法をアセスメントする

1　法律行為の成立要件と効力要件

民法総則を学ぶとき、物権・債権との関係で総合的に考えるとよく理解できる。二次元的思考法である。山でいえば登りだけでなく、下り道のことも考えて歩くのである。

民法総則の法律行為の章を例にとろう。この章にも総則はある。これは、公序良俗違反の法律行為の無効、任意規定と異なる意思表示と慣習の効力である。前者は無効、後者は有効ということである。

第４節では無効及び取消が規定されている。第２節では意思表示、第５節では条件と期限。ひるがえって、債権の第２章契約をみよう。その第３節売買をみよう。これは法律行為の一種だからである。これと総則第４章の法律行為との関係を考えてみよう。

これの関係を図化してみると図11のようになる。

特別成立要件

この図11からわかるように、売買の成立要件は契約各論の売買の節に規定され、効力発生または阻害要件は民法総則に規定されていることがわかる。同様に契約各論の贈与、消費貸借、使用貸借、賃貸借、雇用、請負、委任、寄託、組合、終身定期金、和解等の各契約についても同様である。ただ、そのうちには、特別成立要件とされるものがある。

消費貸借
- 一般的成立要件　当事者・目的・意思表示の存在
- 特別成立要件　金銭その他の物の受取り

使用貸借の特別成立要件　ある物（対象物）の受取り

上の二者は「要物契約」といわれるものである。

図11　債権第２章「契約」と総則第４章「法律行為」の関係

- 売買
  - 成立要件（各論）（555条）
    - 1　当事者　売主・買主の存在
    - 2　目　的　財産権の移転
    - 3　意思表示　財産権移転と代金支払約束
  - 効力要件（総論）
    - 一般的要件
      - 1　当事者
        - 権利能力（1条の3）
        - 意思能力（判例）
        - 行為能力（3条～）
      - 2　目的・内容
        - 1　確定（判例）
        - 2　可能（目的の実現が）（判例）
        - 3　適法（91条）
        - 4　妥当（社会的）（90条）
      - 3　意思表示
        - 意思と表示の一致（93～95条）
        - 瑕疵のないこと（96条）
        - 相手方への到達（97・98条）
    - 特別要件
      - 条件・期限、期間（127条～142条）
      - 対抗要件（94条2項、96条3項、98条）

ただ、条文上は、これらも売買も共に「…ニ因リテ効力ヲ生ス」とされている。これを読むと効力要件のようにも考えられる。ただ、理解の上では、当事者・意思表示の形式的存在（その中身の実質を問わない）をもって成立要件と解し、その実質的要件をもって効力要件と解するのがわかりやすいのである。実は、この分類は後ほど、刑法や訴訟法との三次元的考察で大変役立つのである。

民事訴訟では、おおむね、成立要件事実を「要件事実」もしくは「主要事実」と呼んでいる。効力要件事実は「抗弁」と呼ぶものが多い。刑法では成立要件にあたるのが「犯罪構成要件」、効力阻害要件にあたるのが「違法性阻却要件」もしくは「責任阻却要件」である。

旅客運送契約

電車に乗る契約を考えよう。これは旅客運送契約といわれている。これはいつ成立するか。乗車券を買ったときか、改札を通ったときか、電車に乗ったときか争いがある。多数説は乗車券を買ったときとする。これを買うことは、申込に対する承諾であり、券面の記載事項は意思表示の内容である。目的は出発駅から到着駅まで旅客を運ぶことである。これは金額で表示されることもある。電車に乗ることは契約の履行の問題といえる。ただ例外もある。乗り越しの場合は後で乗車券を買うことになる。この場合は、乗り越し時点で契約が成立したと考えられる。いずれにしても乗車券そのものは契約の成立条件ではなく、契約内容の証拠にすぎない。

旅客運送契約の目的の確定、可能、適法、妥当についても考えてみるがよい。一般的には問題になることはない。しかし、ヤミ（無許可）タクシーに乗る場合、麻薬を運ぶことを前提の両当事者の運送契約はどうであろうか。

また、意思表示の一致に関して、目的地を間違えて乗車券を買った場合はどうなるか。特別効力要件としての期限、期間も問題となる。有効期限を経過すると無効となる。

子供用の乗車券を大人は使用できない。これは条件である。そこで「無効」とは何かを考える。ここでは運送契約は成立したが、その内容が運送会社に対して「通用」しないことである。無効とは、一般に相手方もしくは裁判所にも契約の効力が通用しないことを意味している。これについては別途詳しく述べる。

１つの契約で２つの法律効果

土地の売買契約をしたとする。その内容が一筆の土地1000㎡のうち300㎡とだけされていて300㎡の範囲が特定されていない場合の契約の効力はどうなるか。

売買契約を分析すると２つの契約からなる。

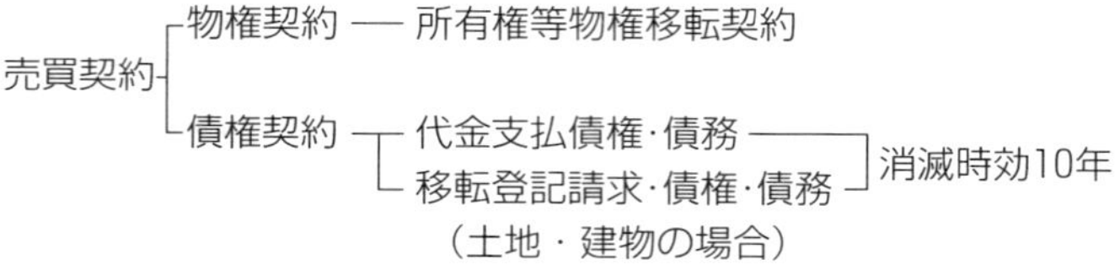

物権契約の成立と効力発生時期

(1)　物権移転時期について特約のないとき
　契約成立と同時に移転

(2)　代金支払時等移転時期の特約あるとき
　特約完成時に移転　　停止条件付契約

(3)　例　外
　農地の売買のように、農地法で許可が効力要件とされている場合は、(1)は許可時

意思表示の効力要件としての目的・内容

これについては次のとおりであることは先に述べた。

目的・内容
- 1．確　定
- 2．可　能
- 3．適　法（91条）
- 4．妥　当（90条）

目的の確定

意思表示は、法律効果の発生を目的とする。その内容が確定できないときは、判決を貰っても執行できない。したがって無効となる。

判例としては次のものがある（一筆の土地の一部分の売買契約においてその対象である土地部分が具体的に特定していないとされた事例）。

参考判例　最判昭和57年6月17日
（判時1054号85頁、判タ479号70頁、金融判例656号15頁）

一筆の土地の一部分につき売買契約が締結された場合においては、売買の対象である土地部分が当事者間において具体的に特定されない限り、当該土地部分についての所有権ないし共有部分権が当然に移転することはないと解するのが相当である（最高裁昭和28年（オ）第847号同30年6月24日第2小法廷判決・民集9巻7号919頁参照）。

これを本件についてみるに、原審が確定したところによれば、本件土地について４分の３の共有持分権を有するＡら３名は、被上告人及びその子であるＢに対し、本件土地の南側部分約60坪を売り渡すことにしたが、売却部分の面積が60坪となるよう本件土地の南端から８メートル余の地点で東西に線を引くと楠の根がかかることになり、また、その西側部分については、後日、東西の市道からの進入路を建築基準法に従って拡幅するため必要部分を被上告人らが提供することが予定されていたので、契約書上では約60坪と表示し、分筆・移転登記の際の正確な測量に基づいて売り渡すべき土地の範囲を確定することにした、というのであって、右事実のみでは、いまだ売買の対象たる土地部分が当事者間において具体的に特定しているものと解することはできないから、被上告人及びＢは、Ａら３名との間で前記売買契約を締結したというだけでは、対象たる土地部分を特定してその所有権を移転すべき旨の債権を取得するのは格別、当然に本件土地の特定された一部分についての共有持分権を取得することはできないものといわなければならない。

ただ、この例では次のことを注意すべきである。

この契約は、所有権移転という物権契約としては無効であるが、60坪を売り渡すという債務（義務）を発生する債権契約の部分は有効である場合があるということである。

この判決が「対象たる土地部分を特定してその所有権を移転すべき旨の債権を取得するのは格別」といっているのはこのことである。

これは民法401条の「種類債権」の法律効果の発生を目的としている場合である。

「種類債権」とは、「債権ノ目的物ヲ指示スルニ種類ノミヲ以テシタル場合」と規定されている。

ある土地の一部を面積で表示し売買するのはこれにあたる。

この場合、土地の範囲が確定するまでは債権的効果のみ発生し、物権的効果としての所有権の移転は発生しない。

確定した時に所有権が移転する。

確定ができない契約は債権契約としても無効となる。

目的・内容の可能

(1) 絶対的不能 ── はじめからの不能
深海の底に沈んだダイヤモンドの指輪の売買契約は不能で無効

(2) 後発的不能

他人の物の売買など、契約時目的物がなくても、それが現存し、特定していれば、債権契約としては有効。売主が他人から買えないときは、履行不能の問題となるだけである。

目的・内容の適法

強行法規違反（91条）は無効

(1) 借地借家法21条は強行規定の条文を明記

(2) 取締法規

(a) 法規違反は無効とする規定のある場合（農地法３条４項）は無効

(b) その他の場合は法の趣旨・目的で判断
食品衛生法の許可を受けない業者の食肉売買契約は有効（最判昭和35.3.18）

目的・内容の妥当

公序良俗違反（90条）の目的とするものは無効。
権利濫用、信義誠実の原則に反する意思表示も無効となる場合がある。
そのような意思表示の実現に国家は協力できない。

2　身分行為の成立要件と効力要件

婚　姻

婚姻は身分行為といわれる。これにも成立要件と効力（阻害）要件とがある。しかし民法の総則編の規定は適用されない。

もっとも、民法の婚姻の章の規定は婚姻の成立と効力とを明確に区別していない。しかし、学説はこれを区別している。

民法第４編第２章第１節のタイトルは「婚姻の成立」である。しかし、その第１款の婚姻の９要件のうち、731条から736条までの６要件は成立要件でなく、取消要件である。

739条の婚姻の方式の「届出」のみが成立要件である。

同条は、「届け出ることによって、その効力を生ずる」と規定する。学説はこれを成立要件と解している。

742条の婚姻の無効についても同じである。

- 婚姻の要件
  - 成立要件
    - 男女両当事者の婚姻の意思の合致
    - 届　出
  - 法定取消要件
    - 婚姻適齢（731）
    - 重婚・近親婚（732・734～736）
    - 待婚期間経過前の婚姻（733）
    - 詐欺または強迫による婚姻（747）

ただ、婚姻の取消の効果は遡らない（748条１項）。

協議離婚

協議離婚の身分行為も婚姻同様、離婚意思と届出が成立要件となる。

離婚の取消要件は詐欺・強迫による場合である。ただし、その効果は遡る。

養子縁組

養子縁組の身分行為も同様な成立要件としての意思の合致と届出がある（802条）。その他にも要件があるが、それは取消要件である。ただし、取消の効果は遡らない。

協議離縁も協議離婚と同様である。

遺　　言

これも法律行為である。成立要件は、遺言の意思表示（単独行為）と遺言の方式である。ただし、その効力発生は遺言者の死亡時である。

遺言の方式は、成立要件としては外形上遺言があれば足り、その実質的要件は効力要件となると考えられる。これを図示すると図12のとおりとなる。

図12　遺言の成立要件と効力要件

- 遺言
  - 成立要件
    - 当事者　遺言者の存在
    - 意思表示
      - 普通方式の選択
      - 特別方式の選択
    - 内　容　包括・特定・全部または一部
  - 効力要件
    - 一般的要件
      - 遺言能力（961～963・965条）
      - 遺言方式（976～984・966条）
    - 法定要件　遺言者の死亡（985・994条）
    - 意思表示
      - 瑕疵
      - 停止条件付遺言
    - 撤回要件　遺言者によるもの（1022条～1027条）

新聞記事から5

人生にもアセスメント

日弁連公害委員会副委員長の山村恒年弁護士（五一）＝大阪弁護士会＝は、数年前から関西学院大学の非常勤講師として、環境法を教えているが、環境アセスメントの講義の中で学生に人気のあるのが「人生アセスメント論」。

人生をいかに生きるか、人生全体の管理計画を立てて、それを合理的に実現していくため、就職、結婚、趣味、健康など各項目ごとに目標を設定。自分の置かれた環境、能力等を検討、実行計画を立てる。二十年来の実践者で、代替案の検討や五年ごと、十年ごとの点検、修正も怠らない。

「それにくらべると、わが国の環境アセスメントは、はじめからプロジェクトの建設を前提にした環境基準合格テストにしか過ぎない」というのが、講義のオチ。

［朝日新聞一九八一年七月一四日］

⑨　三次元的に法をアセスメントする

これまで、民法の総則と契約各論、親族・相続間の法律行為の成立要件と効力要件を二次元的に比較して考えてきた。ここでは、民法と他の領域の法とを比較し、三次元的に考えてみよう。

商法の会社関係行為の成立と無効

①　**会社設立行為**　　会社設立行為は、会社を設立する意思を持つ複数人の合同的法律行為である。会社は登記により成立する。ここでも不成立、無効、取消の問題がある。

②　**株式会社の設立の不成立**　　設立手続が設立登記に到る前に中途で挫折し、会社が法律上も事実上も存在するにいたらなかった場合は不成立とされている。会社の設立は、発起人が定款を作成し、株式発行のため必要な事項を決定して、自ら株式を引き受けて登記することでなされる。

登記までは設立中の会社と言われ、不成立になれば初めに遡ってその存在がなかったことになる。不成立の場合は発起人が責任を負う（商194条）。

③　**会社設立無効**　　株式会社の設立無効とは、登記によって設立したが、法定の要件を欠く場合である。無効の一般原則によると、法律上初めから存在せず、無効を主張する方法にも制限がない。また、設立後会社と取り引きした第三者は会社に対する権利を取得し得ない。ただ、代表者個人に無権代理人（民117・118条）の責任を問うことができるだけになってしまう。それでは取引秩序が混乱してしまう。そこで商法は、無効の一般原則の特例を定めた。

すなわち、設立の無効の場合は、それを誰との関係においても画一的に無効とするため、設立無効の訴えのみによって無効を主張できると定めた（商428条１項２項、合名会社については136条）。

④　**会社の不存在**　　会社の設立登記はなされているけれど、設立手続が全く仮装のもので、会社の事業の実体は何もない場合には、会社は「不存在」で、無効と異なり、その会社の不存在を一般原則により誰でもいつでも主張

しうるとされている（大判昭和10年11月16日判決全集２輯1262頁）。これは通説である。

⑤　**合名会社の設立の無効と取消**　　合名会社も登記によって成立する。しかし、社員は無限責任を負い、自然人であるので、債権者に対して責任を負うので不成立は問題とされない。

⑥　**設立の取消**　　人的会社であるので、社員の無能力または意思表示の瑕疵は設立行為の取消原因となる。詐欺・強迫はもちろん取消事由となる。社員がその債権者を害すること知って、財産を隠匿するため会社を設立した場合も取消原因となる（商141条）。

⑦　**設立の無効**　　客観的原因と主観的原因とがある。

設立の無効・取消は画一的に確定し、効果は遡らない。設立無効・取消は訴えによってしか主張できない（商136－138・140－142条）。

以上を図示すると図13のとおりである。

図13　会社の設立の無効・取消・不存在

株式会社
- 成　　立 ── 登記
- 不 成 立 ── 登記前の中途挫折
- 不 存 在 ── 登記はあるが仮装・実体を欠く
- 設立無効 ── 登記はあるが客観的無効原因あり

合名会社
- 成　　立 ── 登記
- 設立の取消－無権力者・意思表示の瑕疵
- 設立の無効
  - 客観的原因 定款記載事項の欠缺
  - 登記の無効
  - 主観的原因　社員の意思の欠缺

設立無効の訴えは会社設立の日から２年内に提起できる（商428条1項･2項）。

無効判決は対世的効力を存し、効果は遡らず、将来に向かってのみ無効となる。

株主総会の決議

株主総会は商法で定める会社の重要事項の意思決定機関であり、その決議は合同行為である。ここでも決議の不存在と取消・無効の瑕疵がある。

- 決議要件
  - 決議不存在　決議がないのに決議の議事録がある場合
  - 決議成立要件
  - 取消の瑕疵（商247条1項）
    - 手続・決議の法令違反
    - 内容の定款違反
    - 利害関係者による不当決議
  - 効力要件
  - 無効
    - 手続の著しい瑕疵
    - 内容の著しい法令違反

決議取消の訴えは、決議の日より3か月内に提起しなければならない（商248条）。

決議の瑕疵に応じて不存在、無効確認の訴えが認められている（商252条）。

取消の場合は訴えによってのみ主張でき、取消の判決の確定によって無効になる。それまで決議は有効に存在し、提訴期間を過ぎればその効力を争うことができない。行政処分の取消訴訟と似ている。判決は画一的効力がある。

不存在・無効の瑕疵は訴えによらないでも誰でも主張できいつでも出訴できる。

取消または無効の判決により決議は遡って無効となる。

参考判例

東京高判昭和30年7月16日下民集6巻7号1488頁
〔株主総会招集手続の瑕疵の判例〕
代表取締役が取締役会の決議を経ないで招集した総会の決議は、当然に無効ではなく、決議取消しの訴えに服するにすぎない。

最判昭和31年11月15日民集10巻11号1423頁
〔決議方法の瑕疵の判例〕
通知のなかった事項についてなされた総会の決議は、決議取消しの訴えにより取消されるべきである。

10　権利を真剣に考える

人権の発展の歴史

国家がない時代にも権利はあったであろうか。権利は国家によって保障されるものである。しかし、国家のない時代でも人間が共同生活をしていた限り秩序が必要となり、その秩序で権利に似たものが認められていたと考えられる。

例えば、鳥獣や木の実を採取して生活していた時代では、その採取した物は、その採取した者またはその家族、またはその部族のものとされたであろうと考えられる。それは、採取物を人が支配する権利、すなわち、物権的な権利である。石器時代では人が作った石器についても同様であろう。

物物交換や貨幣経済時代になると人と人との支配関係、債権が発生する。人に約束を守らせる権利である。

国家ができると、法がない時代でも権利を君主によって保障される時代がくる。法ができ、裁判所がつくられると権利は法的実効性を持つようになる。

国家と人の権利

国家ができても、すべての人間が権利を持つ時代はすぐに来なかった。貴族、僧侶のみが権利を持つ時代、奴隷・女性以外は権利を持つ時代、女性以外は権利を持つ時代と発展していった。イギリス、アメリカにおける権利の発展について、ロデリック・ナッシュの描いた次のような図がある（次頁図14参照。R・F・ナッシュ『自然の権利』（松野弘訳）より引用）。ナッシュは、動物や植物など自然の構成物も権利を持つようになることを示唆している。

図14の下部にある自然権というのは国家成立前の権利のことである。図の西暦の年号は、それぞれ権利が認められた年を示している。これらの権利は、選挙権のような国家に対する権利を内容としている。

権利概念の整理の必要性

「権利」という概念はさまざまな意味で用いられている。「権利」について

図14　権利概念の拡大

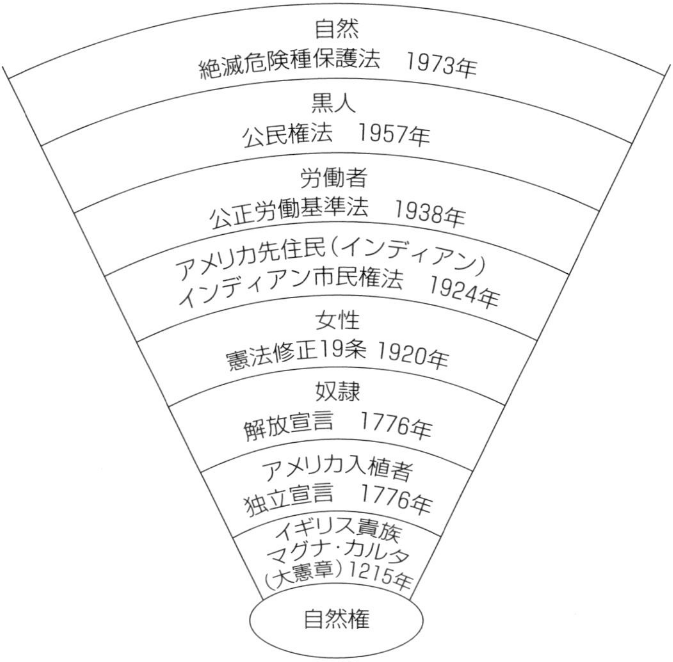

出典　R・F・ナッシュ『自然の権利』（松野弘訳）より。

議論するとき、それぞれの論者が頭で考えている権利の性格や内容が異なることが多い。それでは議論がかみ合わない。そこで各種の権利概念を整理した上で、どのレベルのどのような内容の権利として権利が認められるのかが議論されるべきである。「人権」と「権利」も性格が異なる。

憲法以前の権利

いわゆる自然権（Natural Right）にあたるもので、これは国家成立前から人間社会において認められていたものを意味する。これとよく似たものに「自然の権利」がある。これは動物や植物などの自然自体がもつ権利という概念で自然権とは異なる。単に人権という場合も、この意味で用いられることが多い。

生成過程上の権利

実定法上の権利とはなっていないが、社会的に認知されているもので次の２種があるとされている。

(a)　道徳的権利 ― 社会道徳として広く一般に認知されているもので、「道義的責任」というものに対応するものである。

(b)　背景的権利 ― 法的権利の母胎であり、抽象的に社会が政治的意思決定をなす際に、それに正当性を与える権利である。自然保護憲章、自然保護基本方針などに規定した権利、子供の権利、嫌煙権など、生成中の権利といわれるものがこれにあたる。

以上の２種の権利は、直接これを根拠にして裁判することはできない。ただ、法の解釈・適用にあたって参考とされることはある。

制定法の権利の分類

これは次頁に掲げる図15のように分類できる。

以下これらの権利について個別に説明する。

憲法上の権利

憲法上の権利は、国民と国家との関係における権利である。権利を認めるとしても、国家や行政に対する権利の性格が分析されなければならない。

上位概念としての権利	基本的人権　参政権　生存権　平等権 幸福追求権　自由権　財産権
中位概念としての権利	選挙権　表現の自由　勤労者の団結権 環境権　プライバシーの権利
下位概念としての権利 （派生的権利）	出版の自由　日照権　入浜権　嫌煙権

以上の権利は、国、公共団体の公権力の行使によって侵害される場合にそを排除するために行使することができるとされている。

人権と基本的人権

人権とは、一般に人が人たることに基づいて当然に有する権利と理解され

図15　制定法の権利の分類

- 憲法上の権利
  - 実体的権利
    - 平等権
    - 自由権
      - 明文上の権利
      - 解釈上の権利（プライバシー）
    - 社会権　労働権
    - 生存権　環境権
    - 財産権
    - 受益権　国家賠償·刑事補償請求権
    - 参政権
  - 手続的権利
    - 適正手続権
    - 裁判を受ける権利　請願権
- 行政法上の権利
  - （国の）行政目標上の権利
  - 具体的権利
    - 実体的権利
    - 手続的権利
- 民法上の権利
  - 明文上の権利
  - 解釈上の権利
- 訴訟法上の権利
  - 原告適格
    - 行政訴訟
    - 民事訴訟
  - 訴訟追行権
- 刑法上の権利
  - 正当防衛権・緊急避難権
- 条約・国際宣言
  - 政治理念・目標的権利
  - 具体的権利
- 条例上の権利
  - （自治体の）行政目標上の権利
  - 具体的権利
    - 実体的権利
    - 手続的権利

ている。それは、前国家的な自然権と同じ意味だとされている。すなわち、憲法に先立って存在し、憲法制度をも拘束する法規範である。

人権は人間の尊厳から出てくるものである。

このようなところから、一般用語としては、国家や公共団体による人権侵害のみならず、私人間において「人権侵害」という用語が使われている。

私人間では、それは民法上の不法行為としての法律効果の問題である。

これに対して、憲法上の基本的人権も人間の尊厳に基づくものであるが、国民の国家に対する権利として位置づけられている。それは、国家に対する市民的自由に近いものと考えられている。

「人権」は前国家的なものであるため、その侵害に対する司法的救済は前提となっていない

これに対し、基本的人権は、国家システムと相まって司法権による救済を前提としているといえよう。

それは、国会に対しても保障されなければならない。

さらに基本的人権は次のようにも分類される。

① 消極的権利（自由権）

② 積極的権利（受益権と社会権）

③ 能動的権利（参政権・市民参加権）

私は上の①②③は次のように分類できると考える。

a 国民自らの利益のために行使する権利（自益権）

b 社会または国家の公共利益のために行使する権利（共益権）

参政権や市民参加権はｂに属するものが多い。

また、次のように区別する考え方もある。

① 包括的基本権 ― 憲法13条　生命・自由幸福追求権・平等権

② 消 極 的 権 利 ― 憲法14条以下の個別自由権

③ 積 極 的 権 利 ― 受益権・社会権・能動的権利

権利の具体性による区別を行うと次のようになる。

① 背 景 的 人 権　　プログラム的人権　　抽象的人権

② 制度保障的人権　具体的人権

基本的人権概念の段階性

上位概念に挙げた権利の間でも、基本的人権概念は人権の最上位概念であ

る。その具体化として、自由権、平等権、幸福追求権等がある。さらにその下に、職業選択の自由、信仰の自由権、人格権、環境権等がある。さらに環境権も入浜権とか自然保護権とかに分かれる。

そこでいえることは、憲法上「権」と名のつくものには上位、中位、下位の概念に分かれ、上位、中位、下位（派生）概念となるにつれて分化し、具体化していくものである。

人権と裁判規範性

憲法に規定されている人権でも、それでもって直接に訴訟の根拠にして判決を受けられるものとそうでないものとがある。これを裁判規範性という。

法的人権であっても、裁判規範性のある人権とは限らない。裁判規範となる人権を①「具体的人権」と呼び、直接裁判的救済を求めることができない人権を②「抽象的人権」とする考え方もある。

②のうち、国家の指針としてのものを「プログラム的権利」とする説もあり、それは、裁判規範性がないとされている。

プログラム的権利

憲法の社会権・生存権規定は、直接個人が裁判による救済を求めることができる権利規定ではなく、国家に対し政治的指針を示すにとどまる規定であるという理由で権利ではないとする考え方があった。

朝日訴訟の最高裁判決昭和42年５月24日（民集21巻５号1043頁）は、「憲法25条１項は国の責務を宣言したにとどまり、個々の国民に対して権利を賦与したものではない」とした。最近の通説はこのような考え方をとらず、次のように抽象的権利と称している。

抽象的権利

かつて「プログラム権利」ともいわれ、具体的な法律で制度化されてはじめて具体的な権利となるものとする。憲法25条の生存権がその例である。

それは、行政による積極的な行為を伴って実現される権利に多い。社会保障請求権などはこれにあたる。これらが具体的権利となるには、法律や条例で定める必要がある。

憲法上の抽象的権利は、立法によってこれを侵害することはできない。その意味で法規範性がある。しかし、学説によっては、「知る権利」のように法律をまたず具体的権利性を認める説もある。

	根拠法令	権利の内容
抽象的権利	憲法13条	幸福追求の権利 　プライバシーの権利 　情報公開請求権（知る権利） 　自己情報コントロール権 　　（自己情報開示請求権）
具体的権利	情報公開法 情報公開条例	情報公開請求権
	自己情報開示条例	自己情報開示請求権

制度的保障

これは、憲法の定める財産権や地方自治の保障のような制度的に保障したものについては、その核心となる部分や本質的な内容を法律で制約したり侵害することはできないという保障を与えていることを言う。人権の保障でなく制度の保障を指すものとする説と、人権の保障と両方を指すとする説がある。その範囲については学説が分かれる。

例えば図16のように、「財産権の制度的保障」というのは、二重丸のうちの中の丸の部分を指すというのである。

図16　財産権の制度的保障

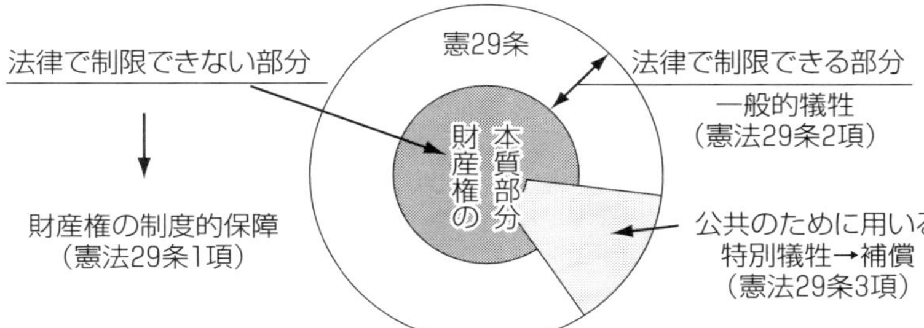

制度的保障としての財産権

憲法29条１項で「財産権はこれを侵してはならない」というのは、この制度的保障をいうとするのが通説である。

法律で制約できる範囲というのは、特定の個人にのみ不利益を与える制限（特別犠牲）はできず、一般人に対して財産権の実質的剥奪にならない程度の制約だとされている（一般的犠牲）。

公共のために用いるときは、特別の犠牲を補償を条件に課すことができるというのが憲法29条３項の意味だとされる。このような財産権でも人権の一種として言われることもあるが、その内容は上に述べたとおりである。

制度的保障としての地方自治権

地方自治権についても、財産権に似た考え方がある。

地方自治体は法人である。法人にも基本的人権があると言われるが、地方自治権は憲法で保障されている。

そこで、地方自治権は個人の基本的人権同様の固有権だという説、国家の法律によって与えられる権利とする伝来説、さらに自治権の内容は法律で定めると憲法で規定されているが、自治権の本質をなす部分は憲法で制度的に保障されており、法律でその内容を侵すことができないと解する通説がある。

人権の規範性の態様と分類

上記の人権が具体的訴訟でどのように裁判規範として働くかは、法規範性と裁判規範性とで異なってくる。

法規範性がある人権については、その人権を侵害する法律が具体的に適用されて人権侵害が行われた場合に、その法律が憲法違反であることを理由に人権侵害の救済を間接的に求めることができる。これを間接的効力という。

以上の人権を規範性から整理すると次のようになる。

	法規範性	裁判規範性
背景的人権	なし	原則なし（間接的になることあり）
プログラム的人権	なし	なし
抽象的人権	あり	原則なし　解釈規範となる
制度的保障人権	あり	あり
具体的人権	あり	あり

人権侵害を憲法違反と認めた判例

参考判例　法規範性違憲判決

A　抽象的人権の判例

○ 旧刑法200条の尊属殺規定の憲法14条違反（最大判昭和48年４月４日刑集27巻3号265頁）

「尊属の殺害は通常の殺人に比して一般に高度の社会的道義的非難を受けて然るべきであるとして、このことをその処罰に反映させ、法律上、刑の加重要件とする規定を設けても、直ちに不合理な差別的取扱いとはいえない。しかし、刑法200条は、尊属殺の法定刑を死刑または無期懲役刑のみに限っている点で、その立法目的達成のため必要な限度をはるかに超え、普通殺に関する刑法199条の法定刑に比し著しく不合理な差別的取扱いをするものと認められ、本条１項に違反して無効である。」

B　具体的人権の判例

○ 国民年金法79条の２第５項（旧法）と憲法14条違反（東京地判昭和43年7月15日行例集19巻7号1196頁）― 牧野訴訟

「国民年金法79条の２第５項（旧法）は、夫婦がともに老齢福祉年金を受給する場合には、単身老齢者に比べ、それぞれ法定金額の支給を停止することを定めているが、支給額が低額である現段階においては、合理的理由のない差別であって、憲法14条１項に違反し無効である。」

○ 森林法共有林分割禁止規定の憲法29条２項違反（最大判昭和62年４月22日民集41巻３号408頁）― 森林法共有林分割禁止規定違憲判決

「共有森林について、その持分価額２分の１以下の共有者に対し、民法256条１項所定の分割請求権を否定している森林法186条〔昭和62法48改正前〕は、その立法目的からみて、明らかに不合理にして不必要な規制であって立法府の合理的裁量の範囲を超えるものであるから、本条２項の規定に違反し無効である。」

C　裁判規範性違憲判決

○ 国の行政行為による人権侵害判例 ― 関税法118条による第三者所有物の没収の憲法19条･31条違反（最大判昭和37年11月28日刑集16

巻11号1593頁）

「第三者に対し、告知・弁解・防御の機会を与えないで、第三者の所有物を没収する旨を定めている関税法118条１項によって没収することは、本条、憲法29条に違反する。」

○ 私人間での行為による人権侵害の判例 — 男女定年差別就業規則と憲法14条違反（最判昭和56年3月24日民集35巻２号300頁）

「男女の定年年齢に５歳の差を設けている就業規則は、専ら女子であることのみを理由とした不合理な差別であるから、民法90条の規定により無効である。」

さらに、人権の種類を図化すると図17のようになる。

図17　人権の内容（国・公共団体に対する）

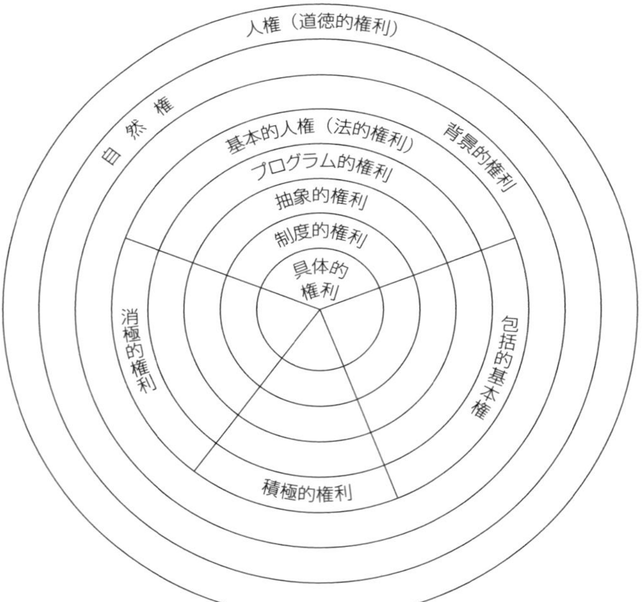

政治・行政理念としての権利

①　条約・国際宣言等で環境権がうたわれたものとして、1972年の国連人

権環境会議のストックホルム宣言、1992年の地球サミットのリオ宣言などがある。自然の権利に関係あるものとしては、生物多様性に関する条約、世界自然憲章がある。

② 法律・条例等では、アメリカの法律には、危機に瀕する種の権利を保護すると考えられるようなものがある。日本でも、東京都、大阪府のように環境条例の前文で、川崎市のように条例本文で環境権の確保を行政理念として掲げたものがある。これらは、実定法上の権利として認められるかについては議論があろうが、行政理念、目標であることは明らかである。

権利の性格から見た区別

人権にも自由権のように、上位概念としての抽象的権利と、所有権のように下位概念としての具体的権利とがある。社会権、生存権のように具体的法律の根拠があって法的に主張できるとされるものもある。しかし、憲法29条3項による財産権の補償請求については、直接同条を根拠にして裁判所に請求できるとされている（最大判昭和43年11月27日判決刑集22巻12号1402頁、最判昭和50年4月11日判例時報777号35頁）。

① **行政実定法上の権利**　教育を受ける権利は学校教育法、労働権は労働基準法等、生存権は生活保護法等で認められている。

② **民事法上の権利**　財産権は、具体的には、民法、その他の法律で規定される。

人格権は民法上の明文規定はないが、判例はこれを認めている。道徳上も背景的にも権利として成熟しているし、明文上の所有権よりも重要なところからこれが認められるのは当然のことと解されている。

③ **刑法上の権利**　刑法は正当防衛権を認めている（36条）。アメリカでも「他人の権利」を防衛するときにもこれが認められる。そこで自然も「他人」にあたるとして、イルカを逃がしたことが正当防衛にあたると主張されたが、裁判所は「現在の危難」や「法益の権衡」を欠くとしてこれを認めなかった。緊急避難権も37条で認められている。

④ **訴訟法上の権利**　訴訟の原告となって裁判を受ける権利としての原告適格についてはアメリカの判例が参考となる。ただ、行政訴訟の原告適格は「権利または法律上保護された利益」とされているので、権利性がなくとも法律上保護された利益でも足りる（原告適格については山村恒年『行政過

程と行政訴訟』(信山社　1995年))。しかし、その利益主体となるのは当事者能力のあるものに限られる。原告適格を認めるということは、その前提となる当事者能力をも認めたことになる。アマミノクロウサギを原告にした訴訟がある。

自然の権利は、目下のところ、この原告適格の有無をめぐって議論が展開されている。ゴルフ場の開発許可の取消訴訟のように、それが問題となるのは、主として行政訴訟においてである。そこでの審理は、許可が適法かどうかであって、ウサギの権利の侵害は争点とならない。

民事訴訟においては、自然の権利の侵害が本案において問題になるが、当事者能力の点が先に問題となろう。

当事者能力

権利能力がなくても、権利能力なき社団は民事訴訟法29条で訴訟当事者能力が認められる。これにあたるのは法人にあらざる社団または財団で、代表者、管理人の定めがあるものとされている。財団は財産の結合体であるが、自然物の結合体を財産と解することができれば、その保護団体は管理者と見なされる余地がある。

オオヒシクイという動物を原告とする住民訴訟において、原告はその当事者能力について「オオヒシクイ個体群」が茨城県の住民であり、当事者能力があると主張したが、水戸地裁平成８年２月10日判決は次のように述べてこれを否定し訴えを却下した。

当事者能力については、要旨「自然物一般につきその存在の尊厳から、一種の権利（自然物の生存の権利）が派生する、その自然物の生存を図ろうとする自然人等が存在せず、あるいは現行法上当事者適格を認められるものが存在しない場合には、当該自然自体が訴訟に直接参加することが当該自然物の生存のための究極、最善、不可欠の手段であることから、右権利の実定法的効果として自然物の当事者能力が認められる」と主張されている。

しかしながら、民事訴訟法45条は「当事者能力……ハ本法ニ別段ノ定アル場合ヲ除クノ外民法其ノ他ノ法令ニ従フ」と定めるところ、同法及び民法その他の法令上、右に主張される自然物に当事者能力を肯定することのできる根拠は、これを見出すことができない。事

> 物の事理からいっても訴訟関係の主体となることのできる当事者能力は人間社会を前提にした概念と見るほかなく、自然物が単独で訴訟を追行することが不可能であることは明らかであり、自然物の保護は、人が、その状況を認識し、代弁して初めて訴訟の場に持ち出すことができるのであって、自然物の存在の尊厳から、これに対する人の倫理的義務を想立しても、それによって自然物に法的権利があると見ることはできない。
> 　よって、本件訴えは、その余の点について判断するまでもなく、当事者能力を有しないものを原告とする不適法なものであり、これを補正することができないことは明らかである。

当事者能力や原告適格は、権利を持たない者でも認められることがある。逆に権利を持っていても認められないことがある。しかし、それらは、権利に準じた法的利益を含んでいるので通俗的には「権利」と呼ばれることがある。自然が原告となり得ることを「自然の権利」と呼ぶのもこれにあたると言えよう。

「だれのための権利か」から見た区別

権利を自己自身のためのものか社会公共のためのものかの区別によって、次のような分類が考えられる。

① 自益権的権利 ―― 通常の権利はこれに属し、物権や債権のように権利主体の自らの利益のために認められる。株主権では、配当を受ける権利がこれにあたる。

② 共益権的権利 ―― 憲法の参政権、請願権、環境権のうち、国や地域社会の利益のために行使するもの、会社自体の利益のために認められる少数株主権、府県や市町村などの利益のために認められる住民訴訟の提起権などはこれに属する。自然享有権も、自然物のためにこれを守る権利としてこれに属すると言えよう。

慣習法上の権利

水路、溜池から農業用水を引く権利は、慣習法上の権利とされている。

入会権については、民法に規定があるが、内容は慣習法による。

権利と権限

国、公共団体、会社などの法人は自ら行為できないので、その機関が法人に代わって行為する。その場合、法律上、機関の行為、法人の行為として効力が生ずる範囲を権限という。個人でも、代理人の行為の範囲について同じ意味で権限という語が用いられる。

例えば、大臣や知事、代表取締役は代表権を与えられている。しかし、部長や課長は、法律上委任されているか、代表権を与えられていない限り、契約をしても法人の行為としての効力を生じない。

条例上の権利

条例は、地方公共団体の自主立法である。地方議会によって制定されるので、住民の権利や義務を定めることができる。憲法94条は、法律の範囲内で条例を制定することができると規定する。地方自治法14条１項は、「法令に違反しない限りにおいて」条例、規則を定めることができると定めている。それは自治事務について定めることができる。自治体の法律ともいうべきものである。

条例で市民の権利を制限できるかという問題は、憲法や行政法の教科書に書かれている。しかし、条例で権利を創設できるかについてはあまり触れられていない。

市民間の私的権利関係の形成については、法律で決める事項なので条例で創設できない。例えば、民法にない新しい物権をつくることはできない。時効制度も同様である。

しかし、その自治体の事務に対して、住民が請求できるような権利を認めることはできる。例えば、情報公開条例や行政手続条例で情報公開請求権や不利益処分に関する資料の閲覧請求等を条例で規定することができる。住民がこれらの権利を侵害されたときは訴訟を提起できる。

以上のように、権利といっても種々あるので、権利を議論する場合にも、どの権利を前提として議論するのか交通整理をする必要があると言えよう。

権利と法益との違い

法益とは、法により保障された利益または価値である。法益は、法が個人に与えた主観的な権利ではない。それは規範によって保護された利益である。

刑法学では、法益を主体によって「個人的法益」、「社会的法益」、「国家的法益」に分ける三分説が通説である。

法益は、違法性の有無を決定するについて重要な機能を持っている。

第１は、民法の不法行為の違法性で問題となる。

第２は、刑法の犯罪行為論で問題とされる。

第３に、行政法規によって保護された利益について、行政訴訟の原告適格との関係で問題となる。

不法行為と権利・法益

民法709条の「他人ノ権利ヲ侵害シタル者ハ」の規定の「権利」の解説については、考え方が変遷してきた。

当初、大正初期の判例は、権利を厳格に解していた。大正14年になって、大学湯事件で風呂屋の「老舗」（しにせ）を売ることで損害を受けた賠償請求事件で、「法律上保護セラルル一ノ利益」の侵害も権利の侵害にあたるとした（大判大正14年11月28日）。その後の判例も、プライバシー、日照の利益、名誉感情もこれにあたるとした。

学説は、「権利侵害」は違法性の代表的な場合を示すもので、広く「違法性」と置きかえて読むべきだとした。ここで「違法性」とは「法秩序を破る」という意味である。それは、法によって保護された法益を侵害するとすることと解する立場もある。この点については、「11　違法について考える」の項で改めて検討する。

民法の不法行為法の特別法である国家賠償法１条は、「公務員がその職務を行うについて、故意又は過失によって違法に他人に損害を加えたときは」損害賠償責任を負うと規定する。

そこでは、権利侵害でなく違法性をもって要件としている。

そこでの違法性は、法益侵害との関係で違法性であるとされている。

刑法と法益

刑法では、個人的・社会的・国家的法益の三分説がとられている。そこでは、刑法各論での各条が保護している法益や、特別刑法で保護されている法益がある。

刑法では、違法性の実質は、法益の侵害またはそれに対する脅威であるとするのが通説である。

この点では民法の不法行為と共通する面がある。

法益は、法が個人に与えた主観的権利ではない。規範によって保護され、刑罰を通じて保護される利益であるとされる。

刑事法の法益には、人以外の利益を保護するものもある。

軽犯罪法１条21号の動物虐待罪の法益は人ではない。

社会的価値である。

刑法175条のわいせつ物頒布罪は、健全な性感情が法益である。

しかし、その感情は30年前と現在では異なるし、現在でも、人によっては、保護すべき必要性はないという人もいる。

それは個人の価値ではなく、社会全体から見た価値である。

原告適格と法律上の利益

行政事件訴訟法９条は、行政処分の取消訴訟はその処分の取り消しを求めるにつき、法律上の利益を有する者に限り、提起することができると規定する。

ここで言うところの「法律上の利益」については、判例と学説では見解が分かれている。

判例は、その行政処分の根拠法規によって「保護された利益」を有するものとしている。

学説では、「法的に保護された利益説」「法的に保護に値する利益説」等に分かれている。

「保護された利益」と「保護に値する利益」はどう異なるのか。

前者は、明文上保護された利益に限るのに対し、後者は、それ以外に法秩序全体から考えて保護されるべき利益を含むとする。民法での法益では、名誉の侵害は不法行為と認められるに対し、行政訴訟では、名誉は法的に保護された利益にあたらないとするのが判例である。

私は、いずれも救済訴訟であるのに、不法行為と原告適格で異なる解釈をすべきでないと考えている。

権利と法律上の利益と法益との関係

このことを私なりに解析すると図18・19のようになる。

図18　権利と法律上の利益・法益との関係

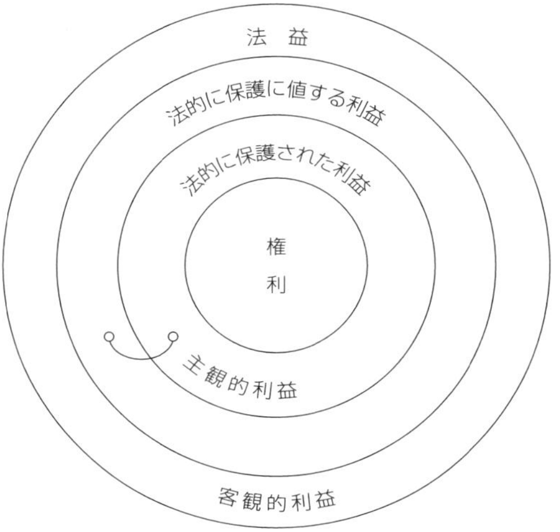

図19　法律上の利益の範囲

	① 処分根拠法の保護利益		②　①以外の法の保護利益		
	処分要件規範の保護利益	根拠法全体の保護利益	憲法上の保護利益	他の実定法の保護利益	慣習法、法秩序全体の保護利益
A					
B					
C					
D					
E					
F					
G					
H					

11　違法について考える

違法という用語は様々な意味で使われている。それぞれ内容や効果が異なるので注意する必要がある。主なものを分類すると次のようになる。

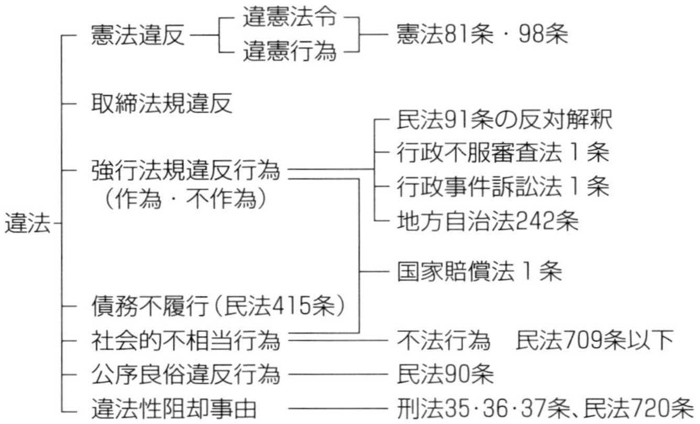

強行規定違反行為の効果を更に分類すると次のようになる

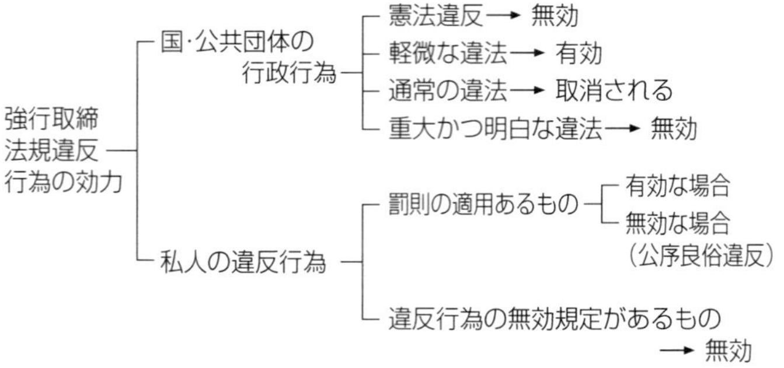

憲法違反の法令・行政の行為の効力

憲法98条は、「憲法は、国の最高法規であつて、その条規に反する法律、命令、詔勅及び国務に関するその他の行為の全部又は一部は、その効力を有しない」と規定する。また81条は、「最高裁判所は、一切の法律、命令、規則又は処分が憲法に適合するか否かを決定する権限を有する終審裁判所である」と規定している。

これらは違法の最たるものといえる。

国の違憲行為の対象は行政立法と処分であるが、売買のような民法上の行為は対象とならないか。例えば、土地の売却の入札者を男性のみとする場合はどうか。通説は、それは民法90条の公序良俗違反として間接的に違法となるとし、直接憲法違反とは解しない。直接適用説もある。

私人間の取引と憲法違反の効力

基本的人権は、国や公共団体の公権力の行使や立法に対する制限である。ところが、私人間の契約で平等原則違反や信仰の自由を侵害する契約等が行われた場合に憲法を適用して契約を違法として救済できるか。これが基本的人権規定の私人間効力の問題である。

今日、企業のような大きな団体が社会的権力を持ち、それによる人権侵害をするようになり、それから人権を守る必要が生じている。他方で私的自治の原則があり国家の介入が制限される。

そこで間接適用説がでてくる。これは憲法価値を民法90条のような一般条項に取り込んでそのような契約を無効とするという考え方である。

取締法規違反の効力

取締法規とは、営業許可や届出、農地の売買の許可や届出等のように、民事行為について行政目的から、法律で規制している法令である。これには次の２種類がある。

①　許認可等を得ない民事行為を無効と規定する場合
　例：農地法３・５・20条の許可・届出
②　許認可等を効力要件とする規定のないもの

①の場合は問題ない。②の場合は、違法ではあるが無効となる場合とそうでない場合とがある。それは立法の趣旨、目的、違反行為への社会の倫理的

非難の程度、刑罰による制裁規定の有無等を考慮して違反行為を無効としないと取締りの目的を達成できないときは無効とすると解されている。

食品衛生法違反の売買契約の効力の判例

最高裁判決昭和35年３月18日（民集14巻４号483頁）

「本件売買契約が食品衛生法による取締の対象に含まれるかどうかはともかくとして同法は単なる取締法規にすぎないものと解するのが相当であるから、Ｙが食肉販売業の許可を受けていないとしても、右法律により本件取引の効力が否定される理由はない。それ故右許可の有無は本件取引の私法上の効力に消長を及ぼすものではないとした原審の判断は結局正当」である。

行政法上の強行法規違反行為の効力

独禁法は強行法規でこれに違反すれば罰則等の制裁があったとしても直ちにそれに違反する契約が無効となるのでなく、それが公序良俗に違反する場合に無効となる。

独禁法（強行法規）違反の契約の効力

最高裁判決昭和52年６月20日（民集31巻４号449頁）

「独禁法19条に違反した契約の私法上の効力については、その契約が公序良俗に反するとされるような場合は格別として、Ｘのいうように同条が強行法規であるからとの理由で直ちに無効であると解すべきではない。けだし、独禁法……20条は、専門的機関である公正取引委員会をして、……弾力的な措置をとらしめることによって、同法の目的を達成することを予定しているのであるから、同法条の趣旨に鑑みると、同法19条に違反する不公正な取引方法による行為の私法上効力についてこれを直ちに無効とすることは同法の目的に合致するとはいい難いからである。」

「前記取引条件のゆえに実質金利が利息制限法に違反する結果を生ずるとしても、その違法な結果については後述のように是正されうることを勘案すると」、本件貸付並びにその取引条件を構成する本件別口貸付、本件定期預金契約は、いまだ民法90条にいう公序良俗に反するものということはできない。
「しかし、右取引条件のゆえに実質金利が利息制限法１条１項所定の利率を超過する結果を生じ、ひいては遅延損害金の実質的割合も同法４条１項所定の割合を超過する結果を生じている以上、右超過部分は、同法の法意に照らし違法なものとして是正しなければならない。……その方法としては、前記各即時両建預金が存在しているため実質金利が利息制限法に違反する結果を生じていた期間中、本件貸付契約中利率及び遅延損害金の割合に関する約定の一部が無効になるものとして是正するのが相当であ」る。

民商法上の強行法規違反の効力

民商法には強行規定と任意規定がある。強行規定としては物権関係に多い。債権法には任意規定が多い。身分法も強行規定が多い。強行規定と異なる契約は無効となる。物権法定主義（民法175条）、意思主義（同177条）、対抗要件主義（同178条）は強行規定である。

上土権なる権利についての判例
大審院大正６年２月10日（民録23巻138頁）

「他人の土地の上に建物を所有するため、その土地を使用する権利は民法上の地上権であり、『上土権』なる地表のみの所有権を認めることはできない。」

債権法の危険負担や担保責任などは任意規定である。これは私的自治の原則に基づくものである。

違法行為としての債務不履行

債務不履行も私人間での違法行為だとされている。

民法415条　　債務者ガ其ノ債務ノ本旨ニ従ヒタル履行ヲナサザルトキハ債権者ハ其損害賠償ヲ請求スルコトヲ得債務者ノ責ニ帰スベキ事由ニヨリテ履行ナスコト能ハザルニ至リタルトキ亦同ジ

上のように「履行不能」については後段で「債務者ノ責ニ帰スヘキ事由」

を要件とするが、履行遅滞や不完全履行についてはその要件についてふれていない。

しかし、学説・判例とも、民法の過失責任の原則から、すべての債務不履行について「債務者ノ責ニ帰スヘキ事由」としての「故意・過失」があることを要件とすると解している。この点からみても、債務不履行は不法行為と同様に違法行為の一種とされている。

不法行為について責任能力が前提となるのと同様、債務不履行についても責任能力を有することが前提となる。

違法行為としての不法行為

民法709条は、「故意又ハ過失ニヨリテ他人ノ権利ヲ侵害シタル者ハ之ニヨリテ生ジタル損害ヲ賠償スル責ニ任ス」と規定する。

公務員の不法行為は、民法の特別法たる国家賠償法１条で「公権力の行使にあたる公務員がその職務を行うについて、故意又は過失によって違法に他に損害を加えたときは、国又は公共団体が、これを賠償する責に任する」と規定する。

民法709条の「権利侵害」は、判例学説によって、それは「違法性の徴表」すなわち、違法性の代表的な場合を表わすと解されている。「権利侵害」はむしろ「違法性」に置きかえて読むべきだというのである。

国家賠償法１条では「権利侵害」に代わり「違法」が用いられているのはこのためである。

民法720条は正当防衛・緊急避難行為について損害賠償責任を負わないとしている。これは形式的には違法であるが、違法を阻却するものとして実質的に違法でないとするものである。

犯罪行為の違法性

犯罪行為は違法行為である。違法でない行為は罰せられない。犯罪構成要件の該当していても刑法35条の正当な業務による行為は違法とはならず罰せられない。たとえば、医師の手術は傷害罪の構成要件に該当するが犯罪とはならない。

刑法では第２編「罪」に犯罪構成要件が犯罪毎に規定されている。民法の法律行為の成立要件にあたるものである。

犯罪構成要件は違法な犯罪行為の類型である。これに該当する行為は客観的に違法である。しかし、それに該当する行為があっただけでは、法律効果としての刑罰権は国家に発生しない。

故意（過失犯のときは過失）という主観的違法要件と責任要件が必要である。この違法要件と責任要件を併せて主観的違法要素といわれることもある。

刑法上の違法行為は犯罪構成要件に該当する形式的違法行為とさらに、故意過失による実質的違法行為（犯罪）とで構成される。不法行為は実質的違法行為のみである。

違法阻却事由があれば、実質的違法とならない点は犯罪行為も不法行為も同じであるといえよう。

また、不法行為で述べた「違法性」は実質的違法性のことである。刑法の実質的違法性も同じで、法全体・全法秩序の見地において判断されるべきだとされている。

1993年2月　神戸大学最終講義

新聞記事から⑥

紙上最終講義

山村　恒年

良質の貨幣は人々が蓄え、悪貨ばかりが流通するというのが「グレシャムの法則」である。これは、政府にも個人にもあてはまる。

官僚は古いタテ割り行政の慣行に固執し、官官接待や汚職、無駄な公共事業などを改めない。我々個人の多くも、計画も立てず、惰性型の生活を送っている。自ら新しい生活方式をつくるのでもなく、企業のお仕着せの生活スタイルを何となく受け入れ、その日を送っている。問題が起こると政府に頼ったり、反対に責めたりする。

民主主義社会でありながら、法令の多くは官僚が作る。議員には立法能力が少ない。タテ割りの行政計画も国民の多くは知らない。内閣が決めた「地球温暖化防止行政計画」も国民がその存在すら知らないまま九年経過した現在、失敗に終わっている。

私は、三十五歳のとき「人生三十年計画」をたてて実行してきた。健康、人生、研究、趣味、語学など十項目を総合した人生計画である。その計画を「人生政策アセスメント」で実践して、達成率は八〇％強。それは成功したといえる。三十年の間、社会の変動に応じて計画を見直してきた。慣行にとらわれない新しいやり方を絶えず工夫しながらとり入れた。

いま、日本の民主主義は病んでいる。社会の変化に対応して政治や行政のやり方を変えていない。国民の意思が政治に反映されない。これは「一割民主主義」にすぎない。

アメリカ政府は国民を「お客さん」と考えている。「お客は神様」という営業のモットーと同じ考え方で、政府は絶えず新しい政策を開発してきた。アメリカの法システムには、行政の不合理を是正する総合アセスメントのシステムも整っている。国民や非政府組織（NGO）が行政に色々なチャンネルで参加できるようになっている。政府は国民が造ったものと考えているので、政府に頼るよりも、非営利組織（NPO）やNGOに加わって市民の活動で色々な問題に対処する傾向がある。

ヨーロッパでも、NGOはロビーで政府を環境重視の姿勢に変えさせている。

アメリカもヨーロッパも政府は旧来の慣行にとらわれず、しくみを改革し、NGOと共に新しい民主主義をつくりつつある。

日本でも、NGOの側から、市民オンブズマン、住民投票、住民訴訟、情報公開請求など新しい民主主義を展開する動きがある。このような市民やNGOの創意と工夫による「NGO分権」が下からの民主主義をつくりあげる。

個人としても、社会の大勢の流れに押し流される惰性型の人生を送るのでなく、社会正義にかなった自己を実現する必要がある。

それには、生き方の基本方針をたて、それを実現するための「人生総合政策」を決める。それを実行するための人生計画をつくり、社会の変化に応じた進行管理をする。一人でできないときは、NGOに参加するなどして実行していただきたい。

〔朝日新聞一九九九年三月一九日〕

12　法律学と理性について考える

法律学では、理性が重要な役割を示す。

なぜだろうか。

法律は社会の秩序維持のためのルールである。社会の秩序は人間の行動によって乱される。人間の行動をルールに従わせるのは、人間の理性である。理性は人間の心理状態によって左右される。心理状態は人間の欲望に基づいて変動する。その欲望をコントロールするのが理性である。

刑法での犯罪行為、民法の不法行為論では「故意・過失」が論じられる。これは、人間の行為の「心理的要素」といわれている。

何故これが論じられるのか。

「故意」とは、それが違法であることを知ること、または、相手の権利を侵害することを知ることである。「故意」があれば、当然人間としては理性によって、違法行為に出ることをコントロールすべきである。それにも拘わらず、違法行為に出た者は、批難され、刑罰もしくは損害賠償を課せられる。

前にも述べたが子供の頃、私は、父からよく言われた。

「人間の心の中には悪玉と善玉の心が住んでいる。何か悪いことをしようと悪玉の心が考えると、善玉の心がこれを止める。両者がケンカすることもある。悪玉が勝てば悪いことに走る。善玉が勝てば善いことをする」。

この善玉の心が理性とも言える。

しかし、心が、ある行為が善か悪かを判断するためには、まず、その行為が、他人の権利を侵害するかどうかを知らなければならない。また、絶えず注意して、他人の権利を侵害しないよう配慮していなければならない。それは脳の役割である。

この知ることが故意であり、不注意で知ることができなかったことが過失となる。しかし、普通の人間として知ることが不可能な場合や注意することが不可能な場合には、理性を働かすことができず、その人を批難することはできない。このような「期待可能性」がないときは責任を免れる。

組織と理性

理性は個人だけではない。国家や会社のような法人にも存在する。組織理性である。したがって法人についても、犯罪や不法行為が認められる。国の不法行為については国家賠償法がある。都道府県や市町村の活動にもこの法律が適用される。すなわち、故意・過失があれば同法1条により損害賠償を負う。これは組織にも理性があることを前提とするものである。

憲法と理性

憲法も国民が理性を持つことを前提としている。

憲法12条は「憲法が国民に保障する自由及び権利は、国民の不断の努力によつて、これを保持しなければならない。又、国民は、これを濫用してはならない」と規定する。

憲法13条は、「すべて国民は、個人として尊重される。生命、自由及び幸福追求に対する国民の権利については、公共の福祉に反しない限り、立法その他の国政の上で、最大の尊重を必要とする」と規定する。

「個人として尊重される」というのは、個々人は道徳的に善悪の判断を自ら下すことのできる存在であるということである（佐藤幸治『憲法』81頁）。

この道徳的自律性は理性の存在を前提としている。憲法24条の「婚姻は、両性の合意のみに基づいて成立」する規定も、自律性を備えた個人像が前提となっている。各人は平等な個人として尊重されるのも同様である。

生命、自由及び幸福追求権は個人が社会生活を通して、道徳的に合理的な選択を理性によって行い、それに従って行動することを保障している。しかし、自己の欲求を他人の犠牲において実現することは許されない。

それが公共の福祉による制約である。

国家や地方公共団体も理性を持つべきである。そこでの理性は、権力によって国民の基本的人権を侵害してはならないということである。

憲法の国家理性確保規定

憲法13条は、人権を立法、その他の国政の上で「最大の尊重」をしなければならないいとする。

これをしなかった場合は憲法違反の国政となる。国家は理性によって、人権を「最大に尊重」する義務を課せられている。

憲法違反となる事態として次のようなものがあげられている。

① 国政の目的が公共の福祉に当たらない不当なものであるとき。人権を無条件に否定する場合。

② 国政実現手段が必要性のない不合理なとき。他に人権を制約しない代替手段があるのに、それを選択しないとき（LRAの原則）。

③ 政策目的・手段の対象が広すぎたり狭すぎたりして、不平等を生ずるとき。すなわち、判断が恣意的なとき。

以上のような場合にあたる判断を「恣意的判断」または「専断的判断」と呼んでいる。国家の理性から逸脱した判断といえる。

そして、これらの判断によって人権を侵害された者は、憲法訴訟を提起することによって救済を求めることができる。

それは、憲法17条による国及び公共団体による賠償責任を求めることによる場合もある。

憲法31条は適正手続の保障を定める。これはデュープロセスの法理として行政手続にも準用されると解釈されている。

憲法98条は、憲法の最高法規性を規定し、99条は、大臣、国会議員、裁判官その他の公務員の憲法の尊重・擁護義務を規定する。

これらの規定は、国家の理性を確保するための規定ということができる。

そして、国政の実施は憲法の目的に即して合理的であることが要求されるのである。

憲法訴訟での合理性の基準

最高裁判所の判例に「合理的である」とか「著しく不合理とはいえない」というのが50件以上ある。これらは、ある行為が、法の規定の目的・趣旨からみて合理的に選択し、判断されているということ、すなわち、合理的理性に基づいて判断されたかということである。

アメリカの憲法訴訟では「合理性の基準」と呼ばれる審査方法がある。これは目的と手段との間に必要性があるかの判断基準である。

ある法律が憲法違反か否かについて法の目的とその規制手段の合理性について２種類の判断基準がある。

① **ゆるい合理性の基準**　　立法目的と（規制）手段の規定との間に全く関係がない場合だけを専断的不合理な判断として憲法違反とする。

これはゆるい審査方法である。

② **厳しい合理性基準**　正当な立法目的と手段との間に相当な関係がある場合に法の定める手段は必要性があるとする。

これらは法律を作る国会の理性を確保するための基準ともいえる。

日本の最高裁判所の判例では次のようなものがある。

刑法200条の尊属殺人（平成7年削除）の規定が憲法に違反する理由として、「普通殺人罪の規定によってその目的を達することは不可能でない」（最大判昭和48年4月4日刑集27巻3号215頁）とした。

このほか「必要かつ最小限度の措置」
「合理性の認められる必要最小限度のもの」
「やむを得ない必要」
「合理的で必要やむを得ない限度」
で人権を制約する手段を法で規定できるとする判例がある。

「合理的」というのは「理にかなった」という意味で理性に合致した判断ということになる。

民法と理性

自由競争社会では私的自治の原則が保障される。

憲法13条では、個人の尊厳が尊重される。それは個人の理性に基づく行動に法的効果を認めることになる。その中心的なものは「意思」である。したがって、民法では、理性に基づく判断能力のある行為についてのみ法律効果を認める。これを意思能力と呼び、それを欠く行為は無効となる。その点について民法には規定がない。ただ、民法713条は、心神喪失の間の不法行為者は賠償責任に任ぜずと規定している。

子供の場合は、7歳程度の通常の知能あたりが、意思能力の有無の分界線であることが多いといわれている。

しかし、理性にも強弱がある。7歳くらいから直ちに大人の理性に達するわけではない。民法は20歳をもって成人とし、行為能力を認める。そして、意思能力があっても行為能力がない場合を認める。それは弱い理性しか有しない者を保護するためである。

すなわち、意思能力と行為能力は、人間の理性による判断能力の程度による区別である。

ただ、意思能力の有無は一律に法律で決められておらず、個別に判断されるのに対し、行為能力は意思能力を客観的に画一化した制度である。

行為能力における理性は意思能力よりも程度が高く、普通人程度の取引計算能力であるとされる。

民法７条は、「精神上ノ障害ニ因リ事理ヲ弁識スル能力ヲ欠ク常況ニ在ル者」を、11条は、同様に事理を弁識する能力が著しく不十分なものを行為能力制限者として一律な扱いをしている。

また、14条は同様に事理を弁識する能力が不十分なものを被補助人として、16条でその行為能力を限定している。

そして、制限能力者の一定の行為については取り消すことができるとしている。その法律効果についての選択権を与えることによって、理性の不十分な者を保護している。

刑法と理性

犯罪を犯した者は責任を問われ、刑罰を受ける。しかし、理性のない者に対しては批難することはできない。赤ん坊がストーブを倒して火事を出しても責任は問えない。精神異常者の行為も責任を問えない。

刑法で、行為者の理性や心理的能力を顧慮して、具体的な責任判断を問うことを「責任論」と呼んでいる。

責任論の学説は色々と分かれていた。

大別すると、犯罪行為のみに着目して責任を問うか、犯罪者の理性を欠くことに責任を問うかで分かれる。前者は行為責任論、後者は行為者責任論と呼ばれている。

①　行為責任論　　この説は、行為は客観的なもので、心理的なものではないとする点で客観説ともいわれる。そこでは、批難されるものは行為であり、行為者の理性ではないとする。それは犯罪を犯してはならない道義に反する責任を問うとする。この立場では刑は犯人を二度と犯罪を犯さないよう教育するためのものであるとする。

②　社会的責任論（行為者責任論）　　刑事責任は、犯人の行為でなく、その性格に対して社会を防衛するためのものである。理性のない人間を野放しにするのは社会にとって危険だから刑で社会から隔離するのだとする。主観説ともいわれる。

③　**人格形成責任論**　　刑事責任は、犯罪行為と犯人の過去における人格形成の双方に対する責任だとする。犯人が過去に理性を無くしていった責任（人格を形成しなかった責任）も考慮すべきだとする。この立場では、刑は、悪によって制約された理性を元に戻すためにあることとなる。

決定論と非決定論

人間は本来理性を持つものだというのが非決定論で、人間の理性はその人が生まれ育った環境によって決まってくるものだというのが決定論である。決定論は悲惨な環境の中で育って来た者に犯罪者が多いこと、不況や失業率の増大と共に犯罪が増加することなどを根拠としてあげる。社会的責任論者は決定論、行為責任論は非決定論に立つといえよう。

人格形成責任論では、人の理性がその人の過去や現在の環境により一部が決定されることは認めるが、なお理性は残されているとする。また、悲惨で劣悪な環境をたどって来たものでも、理性を持ち、犯罪を犯さない者もあることを指摘する。

私はこの説に賛成する。人間は、政治や社会、宗教によって大量にマインドコントロールされることがある。戦争中の日本人は戦争を聖戦とし、アメリカ人を悪と考えていた。

マインドコントロールされた国民と国民との間で戦争が起こり殺し合いが行われる。その場でも国内での犯罪は悪だと考えている。人間の理性は国家や地域、友人、家庭環境によって制約される。マインドコントロールを受けるのは人間だけでなく、行政や市町村、会社なども受ける。それが社会に不合理をもたらす。そのマインドコントロールを取り除くため種々の法制度が設けられる。

決定論に立てば社会的環境によって人間の理性の内容が制約されるのであるから、それをコントロールする手段はないことになってしまう。しかし、犯罪者の場合は刑務所に入れて、社会から防衛できるが、それ以外の反理性的な者は社会から隔離することはできない。別のコントロールシステムが必要なのである。

行政と理性

日本は実質的には行政国家だといわれる。また官僚支配国家ともいわれる。

実質上は形式的に議会制民主主義である。しかし、国民が議員を選挙するとき議員の政策を考えて選んでいない。所属政党を参考に選んでいるといえよう。しかし、政党の政策を逐一検討して政党を選ぶわけでもない。政党といえば圧力団体の圧力を受けて政策を選択している。それを法制化するのは官僚である。国会議員には弁護士のような法律家は少ない。議員立法も少ない。それも官僚に依頼して作成してもらっている。国会の法律審査能力も少ない。

法律は基本的な事項だけ定め、詳細は、内閣のつくる政令、大臣のつくる省令、局長や議長のつくる通達に委任されている。

これは、法律が行政機関に裁量の余地を委任しているためである。

また、行政は、空港整備五か年計画など法律によらない行政も多く行っている。行政訴訟になっても裁判所は行政の裁量事項については行政の専門性に敬意を表して審査を控えている。

このような点をすべて加算すると日本は実質は行政国家で、実質的民主主義率は次の表のとおり10%、すなわち一割民主主義にすぎないというのが私の考えである（表の「－」記号はマイナスを表す）。

現代民主主義の形骸化の要因（日本）		米国における補完システム
国民の国会議員への白紙委任	－10%	住民イニシャチブの制度
国会立法能力の限界	－10%	議員立法能力の充実
国会の調査・審議能力の限界	－10%	議員調査局の充実
法律事項の行政立法への委任	－20%	ルールメイキング手続の民主化
行政裁量の増大	－20%	大統領選挙制　デュープロセス手続
法律によらない行政の増大	－10%	情報公開と市民参加
行政に対する司法審査の限界	－10%	市民訴訟・ハードルック審査
差引　　実質的民主主義率	10%	70～80%？

このような状況にある以上、法律から委任された法律の執行についての判断余地すなわち裁量を、行政の理性に基づいて法の委任の趣旨に沿って執行する義務があるといえよう。

しかし、現実には、行政の理性は歪んでいる。

第１は、タテ割行政による歪みである。これには、省庁間、各局間、各課間のタテ割がある。

第２は、自己の権限の確保、セクショナリズムである。

第３は、下位目的への忠誠心化である。行政は上位目的である憲法目的よりも、自省庁の管轄の法律の目的を重視する。またそれより下位の政令、規則の目的の方を重視し、忠誠を捧げる。

第４に、個人と同様に惰性的イージーゴーイングな不合理で反理性的な傾向に陥りがちである。

これらの反社会的な行動をコントロールするため次のような種々の手法が講じられている。

行政手続法	行政処分
環境アセスメント法	公共事業
情報公開法	国の情報
行政評価法	公共事業
パブリックコメント	行政立法
行政事件訴訟法	行政処分
時のアセスメント	公共事業

これらは何れも、行政の判断理性を回復されるためのシステムといえる。

理性的判断をするための手法がアセスメントといえよう。

住民参加制度も理性的制度である。行政の持っている知見・情報は狭い。それを市民からの幅広い知見・情報を取り入れることによってより客観的な判断を確保できる。

行政と市民が議論をすることも理性的システムである。その過程の中でより理性的な判断が確保されるのである。

私も司法試験受験時代、図書館で同じ受験生仲間で法律の議論をした。その過程で自己の考え方が高められていったのである。

我々が日常生活を送っているときも理性は働いている。しかし、一般的には「惰性的理性」である。今日よりも明日は向上するという「積極型理性」が必要である。また、「目標達成計画型理性」が有益である。

これは法学研究についてもあてはまる。リーガルマインドアセスメントはその手法である。これによって、読者の方々のリーガルマインドが飛躍的に向上することを祈念している。